Ursula Oppolzer

Das große Brain-Fitness-Buch

Rezepte:
B.S. 80,88

Ursula Oppolzer

Das große Brain-Fitness-Buch

Für ein besseres Gedächtnis
und höhere Konzentration

Mit vielen Übungen und Tests

3., aktualisierte Auflage

humboldt

Bibliografische Information der Deutschen Nationalbibliothek
Die Deutsche Nationalbibliothek verzeichnet diese Publikation in der Deutschen Nationalbibliografie; detaillierte bibliografische Daten sind im Internet über http://dnb.ddb.de abrufbar.
ISBN 978-3-89994-191-3

Die Autorin: Ursula Oppolzer studierte Biologie und Geographie für das Lehramt sowie Mathematik und Psychologie. Mehr als 20 Jahre war sie als Dozentin in der Erwachsenenbildung tätig. Seit 1999 arbeitet die erfolgreiche Sachbuchautorin (Schwerpunkt: Gedächtnis, Konzentration, Lernen) wieder als Realschullehrerin.

Autorin und Verlag bedanken sich bei Stiftung Warentest für die sehr gute Bewertung von „Verflixt ...“!

3., aktualisierte Auflage

Ein Imprint der Schlüterschen Verlagsgesellschaft mbH & Co. KG,
Hans-Böckler-Allee 7, 30173 Hannover
www.schluetersche.de
www.humboldt.de

Covergestaltung:	DSP Zeitgeist GmbH, Ettingen
Innengestaltung:	akuSatz Andrea Kunkel, Stuttgart
Titelfoto:	Corbis
Fotos:	Andrea Schick, Tutzing, und ccvision
Zeichnungen:	Vera Oppolzer
Redaktion:	Stefan Vieregg, Gauting
Satz:	PER Medien+Marketing GmbH, Braunschweig
Druck:	Druckhaus „Thomas Müntzer“ GmbH, Bad Langensalza

Hergestellt in Deutschland.
Gedruckt auf Papier aus nachhaltiger Forstwirtschaft.

Inhalt

Einführung

„Hilfe! Was ist nur mit mir los? Gestern habe ich verzweifelt die Schlüssel gesucht, zwei wichtige Termine vergessen, Telefonnummern verwechselt und einen Kunden mit dem falschen Namen angesprochen. Immer wieder entfallen mir bei der Arbeit unentbehrliche Details, und in Besprechungen sind meine Gedanken nicht bei der Sache. Auf nichts kann ich mich mehr konzentrieren! Es ist zum Davonlaufen!“

Nicht immer ist es so schlimm wie in diesem Fall, aber wer kennt sie nicht, die Situationen, in denen ein Name nicht parat ist, eine Telefonnummer neu nachgeschaut werden muss, der Schlüssel nicht auffindbar ist, ein Termin verschwitzt wird oder einem zu einem bestimmten Thema einfach nichts einfallen will. Oft sind es nur Kleinigkeiten, die wir vergessen, aber gerade diese Erinnerungslücke treibt uns zur Verzweiflung. Fragen tauchen auf wie: „Werde ich langsam alt? Stimmt in meinem Kopf etwas nicht? Was kann ich nur dagegen tun?“

Die häufigste Ursache unserer Vergesslichkeit ist Stress. Stress führt zu dem bekannten Brett vor dem Kopf, zu Denkblockaden, mangelhafter Konzentration, schlechter Speicherung von Informationen. Kreativität und Fantasie sind gleich null. Weitere Gründe für nachlassende Denk- und Merkfähigkeit sind Routine, immer gleiche Lösungswege, einseitiges Denken mit der linken Hemisphäre des Gehirns (linkshirniges Denken), zu wenig Bewegung, zu wenig Schlaf und eine falsche Ernährung. Wenn Ihr Gedächtnis versagt und Sie es allein durch Kopftraining wieder flottmachen wollen, verhalten Sie sich wie ein Manager, der Überstunden anordnet, um

die Produktion zu steigern, ohne sich darum zu kümmern, ob die Arbeitsbedingungen optimal sind oder eventuell verbessert werden müssen.
Ihr Kopf hängt nicht in der Luft, sondern ist Teil Ihres Körpers und wird beeinflusst von Ihrer Seele. Schaffen Sie zunächst sehr gute Grundvoraussetzungen, bevor Sie mit dem eigentlichen Kopftraining beginnen! Sorgen Sie für Ihr Wohlbefinden und versuchen Sie, Stress abzubauen beziehungsweise zu vermeiden. Entspannen und bewegen Sie sich mit Hilfe der empfohlenen Übungen vor und während des Denktrainings. Die Erkenntnisse der Hirnforschung, dass Kopfübungen allein nicht ausreichen, um geistig optimal fit zu sein, haben zu dem ganzheitlichen Ansatz dieses Buches geführt. Mit diesem Programm können Sie Konzentration, Gedächtnis und Kreativität entscheidend verbessern und Ihre grauen Zellen in Schwung bringen.

Zusätzlich finden Sie innerhalb des Brain-Fitness-Programms jede Menge Tipps für den Alltag und für eine gehirngerechte Ernährung in die Lektionen eingestreut sowie zwischen den Übungseinheiten verschiedene Brain-News (Infos zur Hirnforschung, zum Stressabbau, zum Unterschied zwischen den Geschlechtern, was das Gehirn angeht, und zu vielem mehr). Damit Sie gezielt dort ansetzen können, wo Ihr persönliches Problem liegt, haben Sie die Möglichkeit, sich zunächst gründlich zu testen. Vorweg jedoch noch ein paar Informationen zum Thema Brain-Fitness.

Ich wünsche Ihnen für Ihre Selbstentdeckung wie auch für das Brain-Fitness-Programm viel Erfolg und Spaß.

Ursula Oppolzer

Das Brain-Fitness-Programm für jeden Tag enthält:

- eine gehirngerechte Körperübung, die zu einer gezielten Leistungssteigerung führt,
- eine Konzentrationsübung, die zu bewussterer Wahrnehmung, geringerer Ablenkbarkeit und längerer Ausdauer führt,
- eine Entspannungsübung zum Stressabbau, zur Verhinderung von Denkblockaden und zum „Einschalten" der rechten Gehirnhälfte,
- eine Merkfähigkeitsübung zur Intensivierung des Speichervorganges und zur besseren Abrufbarkeit eingeprägten Wissens,
- eine Wortfindungsübung zur Wortschatzerweiterung, Verbesserung der Sprachgewandtheit, Stärkung der linken wie auch der rechten Hirnhälfte und zur Kreativitätssteigerung,
- eine Fantasie- und Kreativitätsübung zur besonderen Aktivierung der rechten Gehirnhälfte, Stärkung der Vorstellungskraft und damit zur Verbesserung der Merkfähigkeit und Problemlösungsfähigkeit,
- eine Memory-Übung, mit der Sie immer wieder Ihr Gedächtnis testen können,
- eine „Denk mal"-Aufgabe, die den Einsatz beider Gehirnhälften notwendig macht und Sie herausfordert, über Ihre Grenzen hinauszuwachsen. Die Memory-Übung wie auch die „Denk mal"-Aufgabe gehören nicht unbedingt zum täglichen Brain-Fitness-Programm, sondern stellen eine zusätzliche Chance für Sie dar, Ihren momentanen Stand zu überprüfen beziehungsweise durch weiteren Denksport Ihr geistiges Potential zu vergrößern.

BRAIN-NEWS

Die Powerzentrale im Kopf

Wie viele Bits erreichen Sie?

Das Gehirn von Menschen mit hohem IQ nutzt die Stoffwechselenergie besser. Ein Erwachsener kann im Schnitt etwa 80 Bits im Kurzzeitgedächtnis auf einmal unterbringen, die geistig Trainierten bringen es auf 120 Bits.
(R. Hayer, Psychologe aus Kalifornien)

Chemische Reaktionen und elektrische Schaltungen

Jedes Denken, Fühlen, jede körperliche Befindlichkeit und somit jede Verhaltensausprägung wird vom Gehirn auf elektrochemischer Basis bewirkt. *Geistig-seelische Probleme sind auf bestimmte neurobiologische Mechanismen zurückzuführen. Körpereigene chemische Verbindungen beeinflussen Intelligenz, Gedächtnis und Stimmung.*
(J. Holler: „Das neue Gehirn“, siehe Literaturverzeichnis Seite 252)

Alles, was wir fühlen und denken, jede bewusste oder unbewusste Veränderung unseres Verhaltens, ist das Ergebnis komplexer Vorgänge zwischen Nervenzellen unseres Gehirns. Seelisches Wohlbefinden hat in den Nervenzellen des Gehirns ebenso seinen Ursprung wie psychische Störungen. Gleichermaßen wirken psychotherapeutische Verfahren, Gespräche oder Medikamente – durch ihren Einfluss auf Gehirnzellen und deren Vernetzung. (F. Holsboer, Max-Planck-Institut für Psychiatrie, München)

Die Datenautobahn im Gehirn

Jede Nervenzelle der Großhirnrinde kann bis zu 10000 Synapsenkontakte zu anderen Nervenzellen aufnehmen.

Auf die Wellenlänge kommt es an!

Auf unterschiedlicher Wellenlänge sein heißt im allgemeinen Sprachgebrauch, sich nicht verstehen können. Wissenschaftlich spricht man in diesem Zusammenhang von Gehirnaktivitätsmustern. Wenn zwei „Grundmuster“ der Gehirnzellenverdrahtung ähnlich sind, können die Gehirnbesitzer sich gut verstehen. Dieses Grundmuster entsteht überwiegend in der Säuglingszeit. Die Nervenzellen des Großhirns werden so miteinander „verknüpft“, dass sie später möglichst gut mit derjenigen Umwelt zurechtkommen, die in den ersten Lebensmonaten wahrgenommen wurde.

Das elektrische Feld in unserem Kopf stellt sich in unterschiedlichen Frequenzbereichen dar:

- Alpha-Zustand: entspanntes Wachsein bei 8 bis 12 Hertz (= Schwingungen pro Sekunde). In diesem Zustand sind wir entspannt, geistig besonders aktiv und kreativ.
- Beta-Zustand: hellwacher, hochkonzentrierter Zustand – 12 bis 35 Hertz bei anstrengenden Tätigkeiten beziehungsweise bei Stress.
- Theta-Zustand: tiefer Schlaf- und Entspannungszustand – 4 bis 7 Hertz.
- Delta-Zustand: tiefste Schlafphase – 1 bis 3 Hertz.

Unser Gehirn ist formbar wie ein Muskel! Bereits zehn Minuten tägliches Hirntraining reichen aus, um einen müden Geist wieder in Schwung zu bringen.

(W. Singer, Max-Planck-Institut für Hirnforschung, Frankfurt)

Verhindern Sie Kopfschmerzen durch Klopfmassage

Überkreuzen Sie die Hände, setzen Sie Ihre Fingerspitzen wie Fühler auf Ihren Kopf – linke Hand rechte Kopfhälfte, rechte Hand linke Kopfhälfte – und klopfen Sie Ihren Kopf von oben nach unten ab – mit viel Gefühl natürlich (circa 30- bis 40-mal).

Alles über Brain-Fitness

Brain-Fitness – was bedeutet das?

Noch nie musste unser Gehirn so viel leisten wie heute. Wie keine Generation zuvor sind wir einer ständigen optischen und akustischen Reiz- und Informationsüberflutung ausgesetzt. Immer mehr Wissen soll in kürzester Zeit gespeichert werden und unter Zeitdruck, Leistungsdruck, in jeder Situation abrufbar sein. Deshalb wird es immer wichtiger, für unseren Kopf etwas zu tun, damit er bei aller Hektik und allen Anforderungen fit bleibt.

Jeder weiß, dass er seinen Körper bewegen muss, um ihn leistungsfähig zu halten. Um den Kreislauf anzuregen und die Muskeln zu kräftigen, betreiben Sie zum Beispiel Bodybuilding oder Sie joggen. Ein schlechtes Gedächtnis, Konzentrationsprobleme oder mangelnde Kreativität halten immer noch viele für angeboren, für eine unabänderliche Tatsache oder eine Folge des Älterwerdens. Ihr Gehirn ist jedoch in dieser Hinsicht durchaus vergleichbar mit einem Muskel. Wenn Sie es nicht fordern, wird es schlapp. Oder: Wenn Sie Ihre Gehirnzellen nicht richtig und regelmäßig aktivieren, werden sie träge und faul.

Vielleicht denken Sie jetzt: „Ich bin beruflich so eingespannt, ich muss täglich so viel mit meinem Kopf tun, was können mir da ein paar zusätzliche Gehirnspiele bringen?" Auf den ersten Blick mag das logisch erscheinen, doch im Grunde genommen bewegen sich unsere geistigen Aktivitäten im Alltag oft in den immer gleichen Bahnen, nach dem gleichen Schema. So, wie Sie am Tag mehrmals Treppen hinauf- und hinunterstürmen oder von einem Büro ins andere rennen und trotzdem in Ihrer Freizeit zum Beispiel joggen, Tennis spielen oder schwimmen gehen, so gilt für Brain-Fitness:

Nur wer alle Gehirnfunktionen richtig und regelmäßig trainiert, wer auf einen Wechsel zwischen Anspannung und Entspannung achtet, sich ausreichend bewegt und richtig ernährt, kann sein Denkvermögen und seine Kreativität in Alltag und Beruf vermehren und wird sich bis ins hohe Alter ein ausgezeichnetes Gedächtnis und allgemeine geistige Leistungsfähigkeit erhalten.

Überforderung entsteht nicht durch zu viel Denken, sondern durch Zeitdruck, Leistungsdruck, Versagensängste, permanente Störungen, Lärm und eine unausweichliche Überreizung. Vor diesem negativen Stress gilt es seinen Körper und seinen Kopf zu schützen. Unterforderung, die das Gehirn schlapp und träge werden lässt, stellt sich vor allem dann ein, wenn wir unsere Arbeit routinemäßig erledigen, auf alten, ausgetretenen Pfaden weitergehen, bei alten Lösungsmöglichkeiten verharren. Wer nicht neugierig nach Herausforderungen sucht, seinen Denkstandort nicht verändert, Fantasie in die Welt des Kindes verbannt und Gefühle bei der Arbeit für unnütz oder gar schädlich hält, lässt sein Gehirnpotential verkümmern, anstatt es optimal zu nutzen. Die Meinung darüber, ob wir unsere geistigen Kapazitäten nur zu 3 Prozent, 10 Prozent oder 20 Prozent ausschöpfen, gehen auseinander. Fest steht jedoch, dass wir weit mehr können, als wir glauben, und dass heute Unvorstellbares morgen denkbar sein wird, wenn wir unser Gehirn noch besser kennen und optimal handhaben werden. Die Neunzigerjahre nennt man die Dekade des Gehirns. Noch nie ist auf diesem Gebiet so intensiv und so vernetzt geforscht worden, und wir können gespannt sein auf die weiteren Erkenntnisse der Hirnforschung.

Brain-Fitness – warum?

Ab sofort schon können Sie Ihre Intelligenz um bis zu 20 Prozent steigern, wenn Sie über einen längeren Zeitraum täglich circa 15 Minuten Ihr Gehirn ganzheitlich trainieren. Nicht nur Ihr Intelligenzquotient lässt sich durch das Brain-Fitness-Training enorm erhöhen.

Dieses ganzheitliche Programm hat viele positive Folgen:

- geistige Power, verbesserte Konzentration und Merkfähigkeit, mehr Kreativität, leichteres und erfolgreicheres Problemlösen,
- Erhöhung der Informationsgeschwindigkeit: schneller erkennen, schneller reagieren,
- Verbesserung des Kurzzeitgedächtnisses,
- Beruhigung bei Stress,
- Anregung bei Müdigkeit,
- positive Beeinflussung des Hirnstoffwechsels,
- Stärkung des Immunsystems,
- Anregung von Herz und Kreislauf,
- intensivere Durchblutung aller Organe,
- bessere Sauerstoffversorgung des Gehirns,
- besserer „Schlacken“-Abtransport,
- Reduzierung bestimmter Medikamente,
- Ausschüttung von „Glücksstoffen“ (Endorphinen),
- positivere Einstellung,
- Stärkung des Selbstbewusstseins und Selbstvertrauens,
- mehr Spaß am Leben.

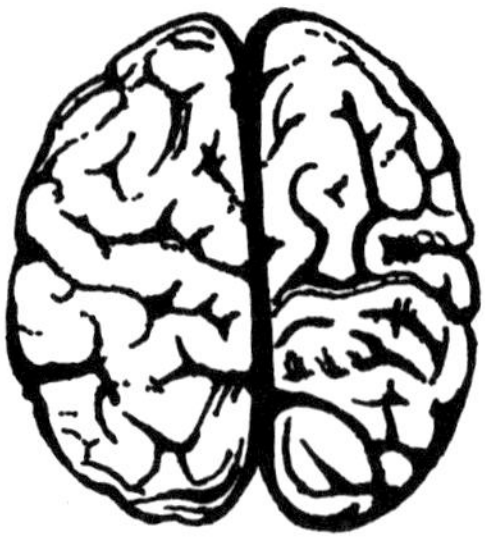

Im Aussehen erinnert das menschliche Gehirn an eine Walnuss.

Fakten und Daten zum Gehirn

Das Gehirn erinnert im Aussehen an eine Walnuss. So wie die Walnuss besteht auch unser Gehirn aus zwei Hälften, die durch den sogenannten „Balken“ (Corpus callosum) miteinander verbunden sind. Das Gehirn stellt etwa 90 Prozent des zentralen Nervensystems (ZNS). Das Gehirn besteht aus ca. 100 Milliarden Nervenzellen (Neuronen), die untereinander durch das 10 000 Fache an Synapsen (Schaltstellen) verbunden sein können. Es entwickelt sich ein Nervennetz, das eine Gesamtlänge von ca. 100 000 km besitzt. Die Zellen der Großhirnrinde (Neocortex = Denkhirn) kommunizieren untereinander über elektrische und chemische Botschaften. Werden Synapsen länger nicht verwendet, lockern sich die Kontakte und die Synapsen sind nicht mehr einsetzbar. Folge: Die Denkfähigkeit nimmt ab.

Zum Zeitpunkt der Geburt sind zwar alle Neuronen (graue Zellen) bereits gebildet, das Gewicht beträgt jedoch erst ein Fünftel des zu erwartenden Gewichts, da es im Laufe der Entwicklung zu einer Zunahme von Nähr- und Stützzellen (Gliazellen), zu einer schützenden Myelinisierung (Isolierung) der Neuronenfortsätze und vor allem zu einer stärkeren Verknüpfung der Nervenzellen untereinander kommt. Das Gehirn eines Erwachsenen wiegt durchschnittlich 1300 Gramm (2–3 % des Körpergewichtes), wobei eine Abhängigkeit zwischen Körpergewicht, Geschlecht, individueller Entwicklung und Gehirngewicht besteht und somit Schwankungen bis zu 500 g möglich sind.

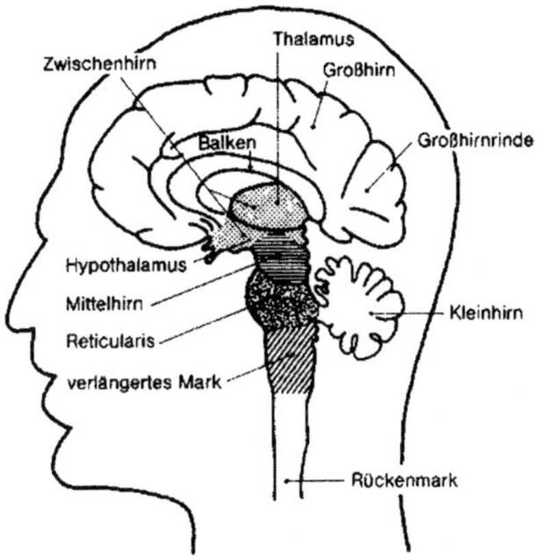

Der Aufbau des Gehirns.

Weder das Hirngewicht noch die Anzahl der Neuronen bestimmt jedoch die Intelligenz eines Menschen. Vielmehr kommt es auf die Vielfalt der Verknüpfungen (Synapsen) sowie auf die Anzahl der Gliazellen an.

Von Albert Einstein sagen die Wissenschaftler, dass sein Gehirn ein relativ geringes Gewicht hatte, aber eine überdurchschnittliche Anzahl von Gliazellen. Intelligenz wird weiterhin bestimmt durch die Größe des Arbeitsspeichers und der Verarbeitungsgeschwindigkeit. Diese wiederum ist abhängig von geistigen Aktivitäten, die dazu führen, dass die häufig benutzten Signalleitungen zwischen den Zellkörpern immer stärker isoliert werden, das heißt, die Myelinisierung nimmt zu. Es entstehen sogenannte „Datenautobahnen". Wer viel denkt, denkt erfolgreich!

Bis zum 15. Lebensjahr steigt Intelligenz und Myelinisierung stetig an, bleibt konstant bis etwa 65 und nimmt dann kontinuierlich ab.

Clevere Hirne arbeiten effektiv, indem sie weit kleinere Teile der Großhirnrinde aktivieren. Bei einem Menschen mit hohem IQ werden Aufgaben mit geringerer Gehirnaktivität und damit energiesparend gelöst. Die Weitergabe von Informationen erfolgt jedoch nicht nur energiesparender, sondern auch schneller und störungsfreier.

Energieeinsparungen werden vor allem auch möglich durch die Reduzierung unnötiger Verbindungen zwischen den Hirnzellen. Während der Pubertät räumt ein kluger Kopf auf und entsorgt alles Überflüssige. Alle entstandenen Verbindungen, die der Mensch bis zur Pubertät nicht benutzt hat, scheint er nicht zu brauchen, sie soll-

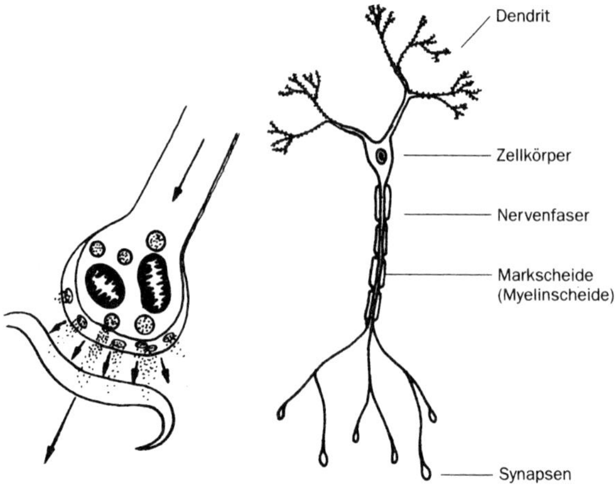

Aufbau von Synapse (links) und Neuron (rechts).

ten – wenn man clever ist – aufgelöst werden. Menschen mit niedrigem IQ behalten im Erwachsenenalter die hohe Synapsendichte der Kindheit. So wie eine nicht aufgeräumte Festplatte im Computer zu langsamen Abläufen führt, so reagiert auch unser Gehirn bei Denkprozessen mit geringerer Geschwindigkeit und die Zahl der gleichzeitig abrufbaren Informationen sinkt. Folge: Problemlösungen werden schwieriger.

Etwa 20 % des Körperbedarfs an Nahrung und Sauerstoff werden für das Gehirn zur Verfügung gestellt, um den – im Verhältnis zu anderen Zellen – hohen Energiebedarf zu decken.

Die Zweiteilung des Großhirns

Das Gehirn besteht aus zwei Hälften, einer linken und einer rechten, die unterschiedliche Funktionen zu erfüllen haben und jeweils die gegenüberliegende Körperseite steuern. Den Nobelpreis für Forschungen über die Hemisphären des Gehirns erhielten Dr. Robert Ornstein und Dr. Roger Sperry. Bei einigen ganz speziellen Aufgaben arbeitet jede Gehirnhälfte für sich, in den meisten Situa-

tionen aber ist unser Denken wesentlich erfolgreicher – um das bis zu Zehnfache –, wenn beide Hälften zusammenarbeiten.

Dreiteilung des Gehirns

Der Neurowissenschaftler Paul MacLean prägte den Begriff vom dreieinigen Gehirn („triune brain“) und vertritt die Auffassung, dass die drei Bereiche nur sehr locker miteinander verbunden sind und die Vermittlung sehr langsam erfolgt. Das Großhirn ist der Sitz höherer geistiger Funktionen und des Selbstbewusstseins, der Ort des geplanten, vorausschauenden Denkens und Lernens, der Logik, der Sprache, des Vorstellungsvermögens und der Kreativität. Im Laufe der Evolution hat sich das Großhirn immer mehr entwickelt. Diese Oberflächenvergrößerung auf etwa 2200 Quadratzentimeter hat zur Entfaltung der Großhirnrinde geführt und zur Verlagerung bestimmter Stütz- und Leitungsmaterialien (weiße Substanz) in den inneren Bereich.

Das Zwischenhirn („Säugerhirn“) ist der zweitälteste Gehirnteil. Es besitzt die Fähigkeit, auf den Augenblick spontan zu reagieren, ist

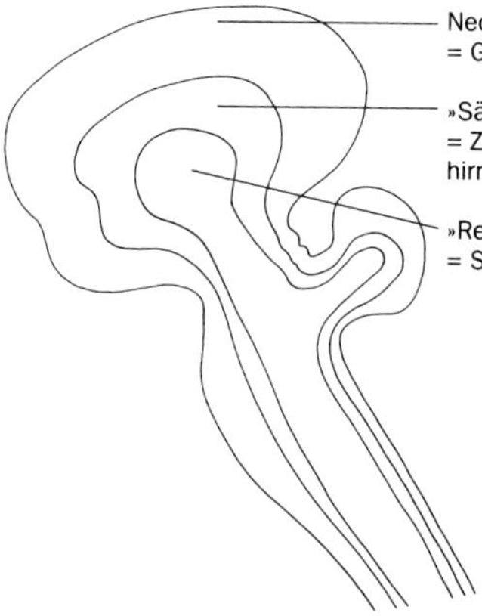

die zentrale Kontrollstelle, empfängt Daten einiger Sinnesorgane und leitet diese Daten an das Großhirn weiter. Das Zwischenhirn kontrolliert den Biorhythmus und das Immunsystem, ist zuständig für sämtliche Körperfunktionen, für Emotionen und Verhalten, und es spielt eine wichtige Rolle bei der Gedächtnisspeicherung.

Das Stammhirn („Reptilienhirn") ist der älteste Teil des Gehirns und dient der Selbst- und Arterhaltung. Es ist das Zentrum angeborener Verhaltensweisen und Instinkte, zuständig für sensorisch-motorische Funktionen, und beherbergt festgelegte, unveränderbare Programme. Die Interessen des Stammhirns beschränken sich auf Nahrung, Wohnung, Vermehrung und Verteidigung des Lebensraums (Überlebensinstinkte). Es kommt zu Kampf-Flucht-Reaktionen, bei denen das Großhirn weitgehend ausgeschaltet wird.

Die vier Denk- und Verhaltensstile (nach Ned Herrmann)

Ned Herrmann, der das sogenannte „Hirn-Dominanz-Instrument" (HDI) entwickelt hat, teilt – analog zu den zwei Gehirnhälften und der Dreiteilung Paul MacLeans – die existierenden Denk- und Verhaltensstile in vier Quadranten ein: Die Mehrzahl der Menschen ist auf einen bestimmten Denk- und Verhaltensstil festgelegt, der allerdings nicht nur auf einen, sondern auf zwei Quadranten zurückzuführen ist (vgl. dazu Spinola, R./Peschanel, F. D.: „Das Hirn-Dominanz-Instrument", siehe Literatur Seite 252).

Menschen, die Quadrant 1 bevorzugen,

- sehen sofort die Tatsachen eines Problems,
- analysieren, folgern daraus,
- entwickeln Ideen und stellen Theorien auf,
- reagieren positiv auf Daten und Fakten,
- lesen gern und mögen programmierte Unterweisungen,
- lassen wahrscheinlich Gefühle außer Acht,
- sehen zu wenig Zusammenhänge.

Menschen, die Quadrant 2 bevorzugen,

- organisieren und strukturieren gern,
- gehen schrittweise vor und bewerten,
- üben durch Anwendung des Gelernten,
- reagieren positiv auf einen durchgeplanten, logisch aufgebauten Sachverhalt,
- mögen programmierte Unterweisungen, Vorlesungen, Texte, Diskussionen,
- möchten die Angelegenheit unter Kontrolle haben,
- übersehen vielleicht die Zusammenhänge und den Menschen bei der Angelegenheit.

Menschen, die Quadrant 3 bevorzugen,

- sind risikobereit,
- setzen verstärkt ihre Fantasie ein und stellen sich Möglichkeiten bildhaft vor,
- bauen auf ihre Intuition,
- sind spontan und können ein Problem sofort anpacken,
- sind offen für alle neuen Ideen, Versuche und Spiele,
- reagieren positiv auf bildhafte Darstellungen,

- legen Wert auf mitmenschliche Gegebenheiten,
- können gut auf jeden einzelnen Menschen eingehen,
- übersehen oftmals Einzelheiten und beurteilen die Durchführbarkeit von Plänen nicht immer realistisch.

Menschen, die Quadrant 4 bevorzugen,
- reagieren emotional und intuitiv,
- sind mitarbeiterorientiert,
- legen Wert auf die Beeinflussung anderer Menschen,
- können gut zuhören, Ideen austauschen, persönliche Erfahrungen einbringen,
- experimentieren gern,
- lieben die Zusammenarbeit in der Gruppe,
- brauchen Bewegung,
- mögen Musik,
- übersehen durch große Gefühlsbeteiligung sehr leicht Fakten und kommen kaum zur Planung der Einzelheiten.

Wenn Sie Ihren persönlichen Denk- und Verhaltensstil herausfinden wollen, machen Sie den Gehirntyp-Test ab Seite 64.

Die Fähigkeiten des Gehirns unter der Lupe

Konzentration – was ist das?

Konzentration ist nicht nur höchste Aufmerksamkeit, sondern auch die Fähigkeit, sich mit einer Aufgabe oder Sache über einen längeren Zeitraum auseinanderzusetzen. **Zerstreutheit ist Konzentration auf etwas anderes.** Dieser Satz ist nicht nur ein Trost für all diejeni-

gen, die oft unkonzentriert und deshalb mit sich unzufrieden sind, sondern entspricht den Tatsachen. Wir sind „zerstreut", wenn wir mehrere Dinge gleichermaßen im Kopf haben.
Wenn sich unsere Energie auf Sorgen oder bestimmte Probleme richtet, haben wir kaum Energie für andere Aufgaben zur Verfügung. Wir schweifen ab, werden leicht müde und lustlos.

Konzentrationsmangel zeigt sich in:

- mangelndem Interesse,
- Ruhelosigkeit,
- leichter Reizbarkeit,
- geringer Frustrationstoleranz,
- rascher Ermüdung,
- Ungeduld,
- negativer Einstellung zur Sache,
- mangelnder Fähigkeit zuzuhören,
- häufigem Wechsel der Aufgaben,
- häufigem Aufschieben der Arbeiten,
- wiederholtem gedankenlosen Handeln,
- Nichtbeenden von Aufgaben,
- mangelnder Ausdauer,
- Flüchtigkeitsfehlern und
- Vergesslichkeit.

Vergesslichkeit durch Konzentrationsmangel

Wenn Sie also ständig etwas verlegen, Ihre Brille oder Ihren Schlüssel suchen, ist das nicht auf ein schlechtes Gedächtnis, sondern auf fehlende Konzentration zurückzuführen. Der unkonzentriert Arbeitende lässt sich durch kleinste Geräusche ablenken, schaut zwischendurch verträumt aus dem Fenster, unterbricht seine Arbeit ständig, rutscht unruhig auf seinem Stuhl hin und her und/oder spielt bei jeder Gelegenheit mit irgendwelchen Gegenständen oder mit seinen Fingern. Der Unkonzentrierte braucht immer wieder neue Anre-

gungen und muss immer wieder neu motiviert werden, sonst verliert er leicht die Lust an einer Sache, bringt viele Angelegenheiten nicht oder sehr spät zu Ende.
Jede Art Konzentration führt zu geistiger und körperlicher Anspannung. In einer entspannten Situation ist konzentrative Anspannung sehr gut möglich. Wer den Bogen bereits überspannt hat, wird ihn zum Zerbrechen bringen, wenn er weiter anspannt. Wer gestresst ist, kann sich schlecht konzentrieren. Stress in Form von Überforderung, Leistungsdruck und Zeitdruck, optische und akustische Reizüberflutung, zu viel Fernsehkonsum, zu wenig Bewegung und mangelnde Erholungsphasen sind für Konzentrationsprobleme verantwortlich. Voraussetzung für eine gute Konzentration ist also Entspannung.
Psychologen unterscheiden den

- fixierenden Aufmerksamkeitstyp, bei dem die Aufmerksamkeit auf einen Punkt beschränkt ist, von dem
- fluktuierenden Aufmerksamkeitstyp.

Beide Fähigkeiten lassen sich – ebenso wie die Blickspanne der Wahrnehmung – durch Training erweitern. Konzentration ist jedoch nicht nur eine Frage des Trainings und des Willens. Emotionen, Motivation und physisch-energetische Prozesse müssen in ihren Wechselwirkungen berücksichtigt werden. „**Nicht Wille, sondern Interesse ist der Ausgangspunkt des Weges, der zur Konzentration führt.**“ (Wolfgang Zielke, Konzentrationslehrer und Autor)
Ein wichtiger Teil des Trainings besteht aus Wahrnehmungsübungen. Nur wer bewusst wahrnimmt, kann bewusst empfinden und denken, Informationen verarbeiten, sein Interesse an der Sache erhalten. **Eine bewusste Wahrnehmung verbessert Aufmerksamkeit und Konzentration.** Ein weiterer Punkt, der über die Konzen-

trationsfähigkeit entscheidet, ist unsere Einstellung. Negative Gedanken führen zu Konzentrationsblockaden, während positives Denken zu Gelassenheit, Entspannung und damit zu einem optimalen Gehirnaktivitätsmuster für geistige Leistungsfähigkeit führt.

> Der Homo consumens treibt immer zielloser und schneller durch seine Welt: Mit betäubten, gelähmten Sinnen, unkonzentriert und abgelenkt, zerrissen und zerstreut, hat er keinen Zugang zur „Mitte“, zum Kern der Dinge mehr. Die Lebensunzufriedenheit des heutigen Menschen kann nur vor dem Hintergrund einer zunehmenden Unfähigkeit zur Konzentration verstanden werden.
> (Andreas Huber, „Psychologie heute“, November 1993)

Gedächtnis – was ist das?

Gedächtnis ist das Instrument, mit dem man vergisst! (Alexander Chase) Gedächtnis ist die Kraft des Erinnerns. Das Gedächtnis ist ein Begriff für unsere Fähigkeit, uns etwas zu merken und es in der entsprechenden Situation wieder abzurufen. Denken, Lernen und Erinnern erfolgen im Großhirn, aber wo und wie die Speicherung erfolgt, das ist immer noch nicht hundertprozentig geklärt. An der Gedächtnisarbeit sind fast alle Teile unseres Gehirns beteiligt: Thalamus, Hypothalamus, Hippocampus, Amygdala (Mandelkern) und die Großhirnrinde.

Lernen führt im Gehirn zu enormen Umbauprozessen und verändert die Aktivität der Erbsubstanz. Während wir eine Fülle von Informationen wahrnehmen, filtert unser Gehirn die eingehenden Informationen und leitet sie weiter. Das Glutamat in den Synapsen überträgt Signale zu den nächsten Nervenzellen und aktiviert über den NMDA-Rezeptor das Gedächtnisprotein CREB. Dieses wiederum aktiviert die DNS, die für die Verstärkung der Synapse sorgt. Nun sind nur geringe Reize notwendig, um den verankerten PIN-Code wieder abzurufen.

Sinneseindrücke, also Erlebnisse, werden nicht wie Daten beim Computer auf der Festplatte gespeichert, sondern vom Gehirn interpretiert. Dabei haben die Hirnregionen Mandelkern und Hippocampus eine wichtige Funktion. Sie filtern und sortieren die Sinneseindrücke, die dann in der rechten Gehirnhälfte, im biografischen Gedächtnis, oder in der linken Gehirnhälfte, im Faktengedächtnis, abgespeichert werden. Je mehr Gefühle dabei eine Rolle spielen, desto intensiver prägen sich Informationen ein.

Lernt man mit Hilfe von Gedächtnistechniken (Mnemotechniken), so werden Infos mit bestimmten Bildern verbunden. Je lustiger und auch unwahrscheinlicher diese Bilder sind, desto besser ist die Merkfähigkeit.

Ausreichender Schlaf stärkt das Erinnerungsvermögen, denn erst im Schlaf werden Informationen im Langzeitgedächtnis fest verankert. Der Abbau der Gedächtnisleistung beginnt etwa zwischen dem 40. und dem 60. Lebensjahr. Ein gezieltes Training kann jedoch diesen Abbau ganz erheblich verlangsamen.

Die drei Gedächtnisstufen nach Frederic Vester

Zunächst kreisen Informationen einige Sekunden im Ultra-Kurzzeitgedächtnis (UZG = Wahrnehmungsgedächtnis). Wenn sie einen bewussten oder unbewussten „Aufhänger" finden, gelangen sie ins Kurzzeitgedächtnis, den Arbeitsspeicher, der jeweils etwa 7 Bits (das heißt 7 Einzelinformationen oder 7 zusammengesetzte Informationen) gleichzeitig aufnehmen und 80 bis 120 Bits auf einmal unterbringen kann. Nach der Verarbeitungszeit wandern die Informationen dann ins Langzeitgedächtnis, in dem die meisten wahrscheinlich lebenslang vorhanden sind, wenn auch nicht zu jeder Zeit abrufbereit.

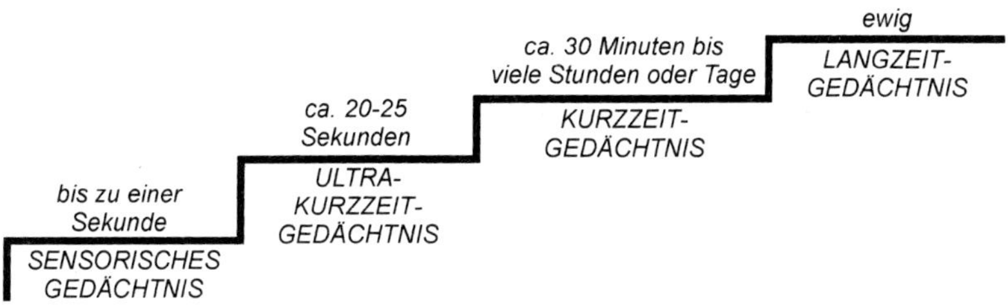

Die Gedächtnistypen

Man unterscheidet den
1) verbalen Gedächtnistyp,
2) visuellen Gedächtnistyp,
3) motorischen Gedächtnistyp.

Der visuelle Gedächtnistyp lernt schneller und ist sich seiner gespeicherten Erinnerung sicherer. Der verbale Gedächtnistyp registriert mehr Einzelheiten. Für den motorischen Gedächtnistyp ist die Bewegung beim Abspeichern von Informationen unbedingt erforderlich. Tastsinn, Geschmack und Geruch unterstützen die Speicherung so intensiv, dass man auch von Wahrnehmungstypen spricht und eine Einteilung nach den bevorzugten Eingangskanälen vornimmt: Sehtyp, Hörtyp, Fühltyp, Schmecktyp und Riechtyp.

Kleine Kinder speichern zunächst nur motorisch und visuell, da Worte und Zusammenhänge fehlen.

Gedächtnisarten

Man unterscheidet das prozedurale Gedächtnis, die Speicherung von Fertigkeiten wie z. B. Fahrradfahren, und das deklarative Gedächtnis, den Wissensspeicher. Dieser Wissensspeicher hat wiederum zwei Abteilungen:

- ein episodisches Gedächtnis, in dem persönliche Daten und selbstgemachte Erfahrungen, die mit dem Gefühl stark verbunden sind, gespeichert werden, und
- ein semantisches Gedächtnis, in dem die Daten der Außenwelt, sprachliche und mathematische Informationen zu finden sind.

Warum sind wir vergesslich?

Zum Erinnern gehört das Vergessen, das in den wenigsten Fällen auf krankhafte Hirnleistungsstörungen zurückzuführen ist.

Vergesslichkeit ist meistens ein Zeichen von

- Stress durch Überforderung (Leistungsdruck, Zeitdruck), Übermüdung, Ärger, Konflikte, Existenzsorgen, Angst, Überreizung (zum Beispiel durch Fernsehen) oder Lärm,
- Konzentrationsproblemen,
- überlasteten Schaltkreisen (zu viele Informationen gleichzeitig).

Psychische Ursachen

- Emotionale Sperren – Gefühle – führen zum Beispiel zu Denkblockaden und Speicherungsproblemen.
- Mit negativen Gefühlen belastete Inhalte werden „verdrängt“ (Freud'sches Vergessen).

- Negative Gefühle in Form einer Depression nehmen den Menschen gefangen, und Unaufmerksamkeit und Teilnahmslosigkeit bewirken ein schlechtes Gedächtnis.
- Die Gefühle drehen sich nur um die eigene Person. „Egozentrik" führt zu Unaufmerksamkeit, Interesselosigkeit und ebenfalls schlechter Merkfähigkeit.

Organische Ursachen

- Arteriosklerose (Ablagerungen an den Arterienwänden führen zur Verengung der Blutgefäße),
- Zerebralsklerose (Durchblutungsstörungen speziell des Gehirns),
- Schilddrüsenerkrankungen,
- Stoffwechselstörungen,
- Herzrhythmusstörungen,
- Blutdruckprobleme,
- Alkoholismus und andere Vergiftungen (Nikotin!),
- falsche Ernährung.

Biochemische Ursachen

Zu den genannten Ursachen der Vergesslichkeit kommt immer die Tatsache hinzu, dass neue Eindrücke jeweils mit alten Informationen konkurrieren und das Gehirn immer wieder mit der Frage: „Welche Informationen sind wichtiger?" über Speicherung und Abrufbarkeit entscheidet. Die Wichtigkeit wiederum ist erkennbar an der Intensität der Gefühle und der Häufigkeit der Wiederholungen beziehungsweise Anwendungen. Die biochemische Basis für das Gedächtnis erforscht man seit Ende der Fünfzigerjahre. Zurzeit sind folgende Annahmen gültig:

Nach der Duplextheorie gibt es zwei verschiedene Arten der Informationsbewahrung, eine langfristige und eine kurzfristige. Die Ganzheitstheorie von Flourens besagt, dass jeder Teil des Gehirns alle Erinnerungen enthält. Diese Theorie basiert auf der holografischen Fotografie.

Synapsen, die Schaltstellen zwischen den Nervenverbindungen, sind maßgeblich am Denken, Lernen und Erinnern beteiligt.

Werden Synapsen öfter benutzt, übertragen sie Infos besser: Denken fördert das Merken! Ihre Wirkungsweise besteht im Wesentlichen darin:

- Infos werden in den Neuronen physisch aufcodiert.
- Infos werden in elektrische Signale übertragen.
- Infos verändern die chemischen Strukturen in den Synapsen.

Fantasie und Kreativität

„Fantasie ist wichtiger als Wissen“, behauptete Albert Einstein, ein Naturwissenschaftler, der mit Zahlen und Formeln umging und nicht mit bunten Bildern. Eine weitere Aussage Einsteins lautet: **Man kann nur über seine Grenzen hinauswachsen, wenn man sich Dinge vorstellen kann, die es nicht oder noch nicht gibt.** Er liebte es, auf der Wiese zu liegen, in den Himmel zu schauen und zu träumen. Dabei hatte er Ideen, die für seine wissenschaftliche Arbeit von großem Nutzen waren. Die Vorstellungskraft ist eine Angelegenheit der rechten Gehirnhälfte, die in unserer Gesellschaft oft vernachlässigt wird und der man noch nicht den Stellenwert einräumt, den sie verdient. Das Wort Fantasie ist für viele Menschen – mit einer dominanten linken Gehirnhälfte – negativ besetzt. Es werden Träume, Fantastereien, „Hirngespinste“, kindliches Verhalten oder, wenn positiv, auch Kunst assoziiert. Dabei kann unser Gehirn nur

Optimales leisten, wenn beide Hemisphären gleichermaßen einsatzfähig sind und wenn die Zusammenarbeit funktioniert. Effektives Lesen ist zum Beispiel nur mit beiden Gehirnhälften möglich.
In Intelligenztests wurden früher die Fähigkeiten der rechten Gehirnhälfte viel zu wenig einbezogen. Fantasie und Kreativität waren keine Frage der Intelligenz! Das hat sich entscheidend geändert. Heute ist erwiesen: Der kreative Denkprozess benötigt die linke und die rechte Gehirnhälfte.

Das muss eine kreative Person leisten:

- Umgang mit unsicherer Information,
- Bereitschaft zu persönlichem Risiko,
- etwas auf eigene Weise tun,
- Zusammenfügung von unterschiedlichen Teilen zu einem neuen Ganzen.

(aus: *R. Ornstein*: „Unser Gehirn, das lebendige Labyrinth“, siehe Literatur Seite 252)

Kreativität durch Dynamik

Kreativität ist spielerisch, herausfordernd, wagt etwas und nimmt in Kauf, sich zu blamieren. Neue, vorher unerkannte Beziehungen zwischen verschiedenen Tatsachen und Situationen können plötzlich wahrgenommen werden, zu neuen Einsichten führen und/oder in Handeln umgesetzt werden. Kreativität lässt sich nicht in rechts oder links einordnen, sondern hat anatomisch gesehen mit den vorderen und hinteren Gehirnregionen zu tun. Die Voraussetzungen für Kreativität sind ebenso erlernbar wie die Logik, wenn wir lernen, alte und eingefahrene Denkstrukturen aufzugeben.

Es ist eine Tatsache, dass unser Gehirn nicht statisch, sondern dynamisch ist. Aufgrund unseres Denkens und Lernens kommt es zu ständigen Veränderungen. Das bedeutet, dass wir durch neue Eindrücke, neues Denken auch neue Möglichkeiten für uns schaffen können. Wer mehr und offen denkt, hat auch mehr Einfälle, ist also kreativer. Wichtig ist, dabei nicht angestrengt und verkrampft zu sein, sondern so entspannt wie möglich. Kreative Lösungen ergeben sich oft in Träumen, beim entspannten „Faulsein" oder in besonders chaotischen Situationen.

Entspannung für mehr Kreativität

Ein weiser Mensch hat einmal gesagt: **Faulheit ist der Humus des Geistes.** Ab und zu faul sein im Sinne von loslassen und gelassen sein ist nicht nur angenehm, sondern für unser Denkvermögen, für Merkfähigkeit und Problemlösung von besonderer Bedeutung. Um im Beruf und im Alltag körperlich und geistig voll leistungsfähig zu sein, brauchen wir den regelmäßigen Wechsel zwischen Anspannung und Entspannung. Relaxen gehört daher zum täglichen Brain-Fitness-Programm.

Die besten Entspannungsmethoden:

- Konzentration auf den eigenen Atem,
- isometrische Übungen,
- Progressive Muskelrelaxation nach Jacobson,
- Autogenes Training,
- Yoga,
- Meditation,
- Biofeedback.

Ganz gleich, ob Sie einen Brief schreiben, eine geschäftliche Besprechung oder eine Prüfung vor sich haben oder ob Sie erfolgreich ein Problem lösen wollen – beginnen Sie immer mit einer Entspannungsübung. Sie hilft Ihnen, sich wohl zu fühlen, Stress abzubauen und Denkblockaden aufzulösen, Ihre Konzentration zu steigern und Ihre Fantasie und Kreativität zu aktivieren.

Mit den Entspannungsmethoden können Sie Ihren Körper willentlich von Leistung und Anspannung auf Erholung und Entspannung umschalten. Man unterscheidet hierbei grundsätzlich zwei Möglichkeiten, sich in einen entspannten Zustand zu versetzen:

a) durch bewusste Körperwahrnehmung (wie zum Beispiel bei der Progressiven Muskelentspannung nach Jacobson);
b) durch Aktivierung der Vorstellung (wie zum Beispiel durch Autogenes Training und Meditation).

Das bewirken Entspannungsübungen:

- positive biochemische Veränderungen in den Zellen,
- eine andere Hormonproduktion,
- eine bessere Muskeldurchblutung,
- eine bessere Sauerstoffversorgung,
- eine Stärkung der Immunabwehr,
- das „Einschalten" der rechten Gehirnhälfte,
- den Abbau von Stress.

Stress führt zu einem Überschuss an Milchsäure, der weitere Anspannung und Angst erzeugt. Während der Entspannung wie auch durch intensive Bewegung beim Sport, Holzhacken oder Tanzen werden zum einen Muskeln besser durchblutet und Milchsäure abgebaut, zum anderen wird der Adrenalinspiegel gesenkt. Sie sind ausgeglichen und denken erfolgreicher.

Brain-Moving

Bewegung im Allgemeinen dient dem Körper und dem Geist, sie ist durchblutungsfördernd und damit gerade für das Gehirn von besonderer Bedeutung. Außerdem fördert regelmäßige Bewegung den Stressabbau und verhindert Denkblockaden, lässt Gedanken fließen und unterstützt die Konzentration wie auch die Kreativität. Neue Studien von 2008 belegen sehr deutlich, dass Bewegung die geistige Leistungsfähigkeit verbessert. Unter Brain-Moving sind besondere Bewegungen zu verstehen, die über die allgemeine Bewegung hinaus die geistige Leistungsfähigkeit verbessern. Wichtig für den angestrebten Erfolg ist, dieses Brain-Moving regelmäßig einzusetzen.

Bewegung für eine bessere Gehirnleistung

- **Gehirngerechte Bewegungsübungen** der Edu-Kinestetik, wie zum Beispiel Überkreuzbewegungen, intensivieren die Zusammenarbeit der beiden Gehirnhälften.
- **Gymnastik mit der linken Körperseite** aktiviert die rechte Gehirnhälfte.
- **Fingerübungen** erhöhen die Konzentration und führen ebenso zur Zusammenarbeit von linker und rechter Gehirnhälfte.
- **„Pflug", „Kerze", „Rumpfbeuge", Purzelbäume, Walzertanz** (Drehübungen), **Trampolinspringen** stimulieren über das Innenohr, das für den Gleichgewichtssinn wichtig ist, die Gehirnzellen.

- Wandern und Laufen verstärken ebenfalls die Gehirndurchblutung und wirken sich positiv auf das Gedächtnis aus.

||| BRAIN-INFO

Fit durch Edu-Kinestetik

Erziehung (Edukation) + Lehre von der Bewegung (Kinesiologie) = Lernen mit Bewegung

Edu-Kinestetik ist eine leicht anwendbare Methode für das Lernen mit beiden Gehirnhälften. Paul Dennison hat mit der Edu-Kinestetik eine lernfördernde Bewegungslehre geschaffen. Diese lernfördernden Übungen, die Blockaden im Gehirn abbauen und ein Lernen mit beiden Gehirnhälften besser ermöglichen, indem Verbindungen zwischen links und rechts neu angebahnt werden, fasst Paul Dennison unter der Bezeichnung Brain Gym zusammen, was so viel wie Gehirnturnen, Gehirngymnastik oder Lerngymnastik bedeutet. Dennison hält Bewegung für die Grundlage geistiger Entwicklung. Besonders die Krabbelphase der Kindheit führt seiner Meinung nach zu einer Integration der beiden Gehirnhälften.

BRAIN-NEWS

Was spielt sich wo in unserem Gehirn ab?

Emotionale Reize

Die rechte Gehirnhälfte hat die Vorherrschaft bei der Wahrnehmung gefühlsbeladener Reize, die Kontrolle darüber liegt jedoch in der linken. Das linke Ohr hört Gefühlsäußerungen wie Weinen und Lachen besonders heraus und aus dem Tonfall die emotionale Bedeutung des Satzes, während für das rechte Ohr eher der verbale Inhalt entscheidend ist.
(E. K. Silbermann und H. Weingartner, National Institute of Mental Health, USA)

Schlechte Verbindung

Bei 80 Prozent aller Menschen ist der neurologische Überkreuzfluss, also die Verbindungsbahnen zwischen den Gehirnhälften, nicht ausreichend gebahnt.
(F. Decker: „Die neuen Methoden des Lernens und der Veränderung“, siehe Literatur Seite 252)

Positive und negative Gefühle

Die Arbeitsteilung des Gehirns scheint auch für positive und negative Gefühle zuzutreffen. Bei positivem Empfang zeigt sich die linke Hemisphäre aktiver, bei negativen Gefühlen ist Aktivität besonders in den rechten Stirnlappen zu beobachten.

Wie denken Japaner?

Japaner denken wegen ihrer Sprache und Kultur ausgewogen links-rechts! Beim japanischen Gehirn sind Harmonie, Ausgeglichenheit, Erfolg seit Jahrhunderten anerzogen.
(Dr. Tsunoda, Medizinprofessor in Japan)

Die Seitendominanz in der Entwicklungsgeschichte
Das Umkippen der Hirndominanz von rechts zu links erfolgte vor mehreren tausend Jahren. Die Fähigkeiten der rechten Gehirnhälfte waren für die ersten Menschen überlebensnotwendig. Farben, Formen, Geräusche und Körpersprache spielten eine viel wichtigere Rolle als die sich erst später entwickelnde verbale Kommunikation. Während der weiteren Entwicklung verlagerte sich der Einsatz bestimmter Fähigkeiten. Das Wort bekam, zumindest in der westlichen Welt, immer mehr Gewicht. Die immer stärkere Dominanz der linken Gehirnhälfte führte zum vermehrten Einsatz der rechten Körperhälfte.

Brain-Übung
Fingertrommeln hält das Gehirn fit und erhöht die Lebenserwartung! Bewegt man die Finger etwa wie am Computer oder beim Klavierspielen, erhöht das die Durchblutung des Gehirns um circa 20 Prozent. Einfache Fingerübungen verbessern die Merkfähigkeit, das heißt aktivieren das Kurzzeitgedächtnis.
(W. Hollmann, Institut für Kreislaufforschung und Sportmedizin, Köln)

Parallellernen
Parallellernen bedeutet: Die erste Information läuft über das Bewusstsein zur linken Gehirnhälfte. Die zweite Information läuft über das Unterbewusstsein zur rechten Gehirnhälfte. Diese Lernmethode verbessert außerdem die Konzentrationsfähigkeit.
(V. Birkenbihl: „Stroh im Kopf?“, siehe Literatur Seite 252)

Vermischtes
- Humor ist eine Sache der rechten Gehirnhälfte!
- Obwohl die Hirnrinde nur ein Viertel des gesamten Gehirnvolumens ausmacht, enthält sie 75 Prozent der Nervenzellen.

Erfolgreich ist, wer richtig isst

Wenn Sie erfolgreich denken wollen, dann achten Sie auch auf eine gesunde, gehirngerechte Ernährung.

Frühstücken wie ein Kaiser!

Wer morgens ohne Frühstück oder nur mit einem Marmeladenbrötchen das Haus verlässt, kann sich sehr bald nicht mehr richtig konzentrieren. Denkfähigkeit und Merkfähigkeit nehmen im Laufe des Vormittags immer mehr ab, Müdigkeit, Gereiztheit oder auch Aggressionen nehmen zu.
Das bedeutet: Viel frisches Ost, Quark, Joghurt oder Milch und Vollkornprodukte – und in Ruhe!!

Das Gehirn, das 20–25 % der zugeführten Energie für sich beansprucht, braucht nicht Fast Food, sondern Fitness Food, um optimale Leistungen zu erbringen.

Vollwertige Kohlenhydrate (Vollkornbrot, Müsli) vor und in den Pausen der geistigen Arbeit erhöhen die Konzentration, lassen Sie weniger Fehler machen. Weißbrot, Brötchen, Kuchen und andere Süßigkeiten am Morgen mindern die Leistungsfähigkeit. Es kommt zu einer kurzfristigen schlagartigen Erhöhung des Blutzuckerspiegels, der dem Körper signalisiert, ab sofort ankommenden Zucker umzuwandeln und zu speichern und nicht mehr in die Blutbahn zu lassen. Folge: Der Blutzuckerspiegel fällt wenig später drastisch ab und bewirkt eine Unterzuckerung, die zu Konzentrationsschwäche, Abgeschlagenheit, Depressionen, Aggressivität, Schwindelgefühl

usw. führt. Es ist also ein falscher Schluss, dass viel Süßigkeiten viel Energie schaffen. Genau das Gegenteil ist der Fall.
Außerdem ist Zucker ein sogenannter „Vitamin-B_3-Fresser“. Er verbraucht viel von diesem Vitamin, das für die Nerven sehr wichtig ist. Süßigkeiten bedingen andererseits eine Erhöhung des Serotonin-Spiegels im Gehirn, was zu einer begrenzten Beruhigung und einem Gefühl der Zufriedenheit führen kann.

„Je glücklicher und ausgeglichener Sie sind, desto seltener haben Sie Lust auf Süßes.“

Richtige Ernährung ist
- arm an Zucker und Weißmehl,
- arm an tierischen Fetten,
- arm an Salz,
- arm an Nahrungsmittelzusatzstoffen (Konservierungsstoffe, Geschmacksverstärker. Gefährliche E-Nummern sind z. B. E 104/E110/E120/E122–124/E133/E142/E151/E154/E168/E214–E219/E230–232/E239–252/E280–284).

So essen Sie richtig:
- viel frische Lebensmittel,
- täglich 5-mal Obst und Gemüse (etwa 650 g)
- Vollkornprodukte,
- viel Joghurt, Quark und andere Milchprodukte,
- viel Kräuter.

Eine gesunde Ernährung
- ist reich an Flüssigkeit (2–3 Liter pro Tag),
- enthält ausreichend Fisch,
- enthält mageres Fleisch,
- enthält pflanzliche Öle mit mehrfach ungesättigten Fettsäuren,
- enthält nukleinsäurereiche Nahrungsmittel.

Brain Food statt Fast Food

Über den Sinn gehirngerechter Ernährung

Ohne Proteine geht es nicht!

Rohmaterialen für ein leistungsfähiges Nervensystem sind Proteine, Fette und Kohlehydrate.

Proteine und Fette sorgen für die Grundbausteine der Membranen in allen unseren Körperzellen und damit auch der Nervenzellen. Diese Stoffe sind wichtig für die Struktur der Dendriten und der sich entwickelnden neuronalen Netze.

Proteine sind die Bausteine der Enzyme, Hormone und Antikörper; sie sind Bestandteil des Hämoglobins (roter Blutfarbstoff, der den Sauerstofftransport im Blut möglich macht) und werden für den Aufbau von Muskeln gebraucht.

Proteine sind aus langen Ketten von Aminosäuren aufgebaut die – entsprechend dem DNA-Code – je nach spezifischer Funktion beteiligt und angeordnet sind.

Es gibt 20 unterschiedliche Aminosäuren! Man unterscheidet zwischen essentiellen und nichtessentiellen Aminosäuren. Die Nahrung sollte mindestens 10 essentielle Aminosäuren enthalten, die der Körper nicht selbst aufbauen kann und die in tierischen Produkten (Fleisch, Milchprodukte, Eier) vorkommen.

Phenylalanin z.B. verbessert das Erinnerungs- und Lernvermögen und steigert die Motivation.

Cholin (im Eigelb) – Bestandteil des Lezithins – wird im Gehirn in den Neurotransmitter Acetylcholin umgewandelt. Folge: Verbesserte Auffassungsgabe und Merkfähigkeit.

Tryptophan, eine essentielle Aminosäure, der Vorläufer des Serotonins ist („Glücksstoff"), führt zu Wohlbefinden und Entspannung.

Serotonin ist ein Transmitter, der die Schmerzempfindlichkeit senkt, den Appetit mindert und beruhigend auf die Stimmungslage wirkt.
Methionin gilt als eine gehirnwirksame Substanz und ist wichtig für die Wundheilung.
Taurin wird vor allem in den ersten Lebensmonaten zur gesunden Entwicklung des Nervensystems gebraucht.
Tyrosin ist eine nicht essentielle Aminosäure, die als Vorläufersubstanz für eine ganze Reihe wichtiger Neurotransmitter gilt, die die Wachsamkeit fördern, also die Konzentrationsfähigkeit verbessern und in jeder Hinsicht aktivieren.

Es reicht jedoch nicht, dafür zu sorgen, die essentiellen Aminosäuren aufzunehmen: Es ist wichtig, sich sehr ausgeglichen mit entsprechenden Proteinen, Fetten und Kohlehydraten zu ernähren. Die Aminosäuren sind nur einsatzfähig, wenn bestimmte Stoffe wie Kohlehydrate, Fette, Vitamine und Mineralstoffe gleichzeitig vorhanden sind. Außerdem muss beachtet werden, dass ein optimaler Proteinabbau im Magen nur erfolgen kann, wenn die Magensaftkonzentration stimmt. Sie sollten zwar während des Tages viel trinken, nicht jedoch kurz vor, während und bis eine halbe Stunde nach dem Essen. Das beeinträchtig den Verdauungsprozess und langfristig auch das Denken, Merken und Erinnern.
Enthält die erste Mahlzeit des Tages reichlich Eiweiß mit einigen Kohlehydraten, wird dem Stress vorgebeugt, die Neurotransmitterbildung ist gewährleistet und der Körper verfügt über mehr Energie.

Fazit: Zu viel Fleisch, Fett und Süßes bewirken ein dünnes Nervenkostüm. Die Schutzschicht der Nervenzellen wird zerstört.

Vitamine für den Kopf

Vitamin C (Ascorbinsäure) steigert nicht nur die Abwehrkräfte, sondern auch das Denkvermögen. Essen Sie viel Obst und viel Gemüse. Trinken Sie Sanddornsaft.

Vitamine des B-Komplexes helfen allgemein den Gehirnzellen bei der Energiegewinnung.

Vitamin B_1 beeinflusst die Gedächtnisleistung, B_3 wirkt konzentrationsfördernd, B_6 stärkt die psychische Stabilität und fördert so Konzentration und Merkfähigkeit, B_{12} ist für den Stoffwechsel der Nervenzellen unentbehrlich, besonders für die Funktion einiger Aminosäuren und der optimalen Wirkung von Vitamin C.

Vitamin B_{12}-Mangel führt zu Konzentrationsschwäche, Müdigkeit und Minderung der Gedächtnisleistung. Ebenso beeinflussen *Folsäure* und *Nikotinsäure* Denken und Merkfähigkeit. Essen Sie Vollkornprodukte und meiden Sie Zucker, denn der ist ein Vitamin-B-Räuber und führt zu einem Hefeüberschuss im Darm, der wiederum Stress erzeugt und damit das Lernen erschwert und das Immunsystem schwächt.

Kurzfristig allerdings erhöhen Süßigkeiten den Serotonin-Spiegel im Gehirn, was zu einer zeitlich begrenzten Beruhigung und einem Gefühl von Zufriedenheit führt.

Vitamin E ist mitverantwortlich für gesunde Zellstrukturen und bewirkt eine Verlangsamung des Alterungsprozesses. Essen Sie Sonnenblumenkerne und verwenden Sie Öle mit vielen ungesättigten Fettsäuren (Distelöl, Leinöl, Weizenkeimöl, Traubenkernöl). Nehmen Sie als Nahrungsergänzung Nachtkerzenöl.

Zellschutzvitamine = Radikalenfänger = Vitamin C, Vitamin E, Provitamin Beta-Carotin

Freie Radikale sind aggressive Sauerstoffteilchen, die überall entstehen, z. B. durch UV-Strahlen der Sonne oder aufgrund von Luftverunreinigungen wie Stickoxiden oder Ozon.

Auch der Stoffwechsel des Körpers selbst erzeugt freie Radikale, vor allem bei Stress, beim Rauchen, bei Genussgiften, bei Ernährungsfehlern.

Chemisch gesehen sind freie Radikale Moleküle mit einzelnen besonders reaktiven Elektronen. Es sind sozusagen „unzufriedene" Moleküle, die eine Gefahr für die Zellen darstellen, bis hin zu Krebs.

||| TIPP

Reich an Vitamin C: Kiwis, Zitrusfrüchte, Sanddorn, Paprika ...
Vitamin C bietet Zellschutz, stärkt das Immunsystem, das Bindegewebe, verbessert die Wundheilung und sorgt für eine gute Eisenaufnahme.
Reich an Vitamin E: Nüsse, pflanzliche Öle, Avocados
Vitamin E bietet Zellschutz, hilft Durchblutungsstörungen zu verhindern.
Reich an Beta-Carotin = Provitamin A: Karotten, Grünkohl, Leber ...
Beta-Carotin bietet Zellschutz, sorgt für gesunde Haut, glänzende Haare, Kakao enthält viele Antioxidantien (und Eisen!), die freie Radikale fangen.

Die Vitamine E, C und das Provitamin A schützen unsere Zellen vor dem Angriff der freien Radikale und heißen deshalb Zellschutzvitamine oder Antioxidantien.

Vitamin E wirkt in der Zellwand, Vitamin C wirkt in der Zelle, Beta-Carotin wirkt zwischen den Zellen. Es gibt einen engen Zusammenhang zwischen der Aufnahme der Vitamine C, E, Beta-Carotin und

Tumorerkrankungen. Auch können diese Vitamine das Gefäßsystem schützen und Herz- und Kreislauferkrankungen verringern.

Mineralstoffe für den Geist

Magnesium ist wichtig für die Funktion der Nervenzellen. Es beeinflusst die Übermittlung der Nervenimpulse und damit Konzentration und Gedächtnis. Es ist besonders empfehlenswert in Stresssituationen.

Calcium ist in allen Nervenzellen in geringer Konzentration vorhanden und bewirkt ruhige, entspannte Nerven, erholsamen Schlaf, Ausgeglichenheit und eine gute Eisen-Verwertung.

Eisen macht die Sauerstoffversorgung der Gehirnzellen möglich, und so wirkt sich ein Mangel an Eisen auf das Denken, die Konzentration und das Gedächtnis negativ aus. Kopfschmerzen, Reizbarkeit und Schwindel sind die Folgen.

Zink ist der Stoff, der Bestandteil vieler Enzyme ist und wach und konzentriert macht, denn er aktiviert ein Konzentrationshormon aus der Hirnanhangdrüse, das gleichzeitig ein „Weckhormon" ist. Zinkmangel führt zu Müdigkeit und geringer Belastbarkeit.

Mangan unterstützt die Gehirnfunktionen.

Phosphor sorgt für gesunde Nerven. Phosphormangel führt zu Müdigkeit und Nervosität.

Kalium ist ein bedeutender Partner von Natrium bei der Funktion der Natrium-Kalium-Pumpen, die Nährstoffe in die Zellen hinein- und Schlackenstoffe hinauspumpen. Zu wenig Kalium und zu viel Salz sind deshalb für schlechten Schlaf und ein Gefühl der Müdigkeit und Abgeschlagenheit verantwortlich.

Kalium ist wichtig für den Wasserhaushalt der Zellen, die Zellfunktion, für die Sauerstoffversorgung des Gehirns, für Nervenreizübertragung und Stimmungslage.
Jod sorgt für Vitalität, Konzentrationsfähigkeit, Stressbewältigung. Jodmangel führt zu einer Verlangsamung des Denkens.
*Chrom*mangel führt zu Müdigkeit, Antriebsarmut, Nervenschwäche, Gereiztheit, Unruhe, Schlafstörungen, Konzentrationsstörungen, Angstzuständen, depressiven Verstimmungen.
Schwefel bewirkt positive Stressabwehr, Optimismus, Ausgeglichenheit, entspannte Nerven.
Kupfer ist in geringen Konzentrationen für ruhige Nerven und klares Denken unentbehrlich.

Geistanregende Getränke

Kaffee soll müde Geister munter machen und wird so meistens zu viel getrunken. Folge: Der Körper wird übersäuert und reagiert schließlich „sauer". Koffein ist außerdem ein Calcium-Räuber. Calcium wiederum beeinflusst die Gehirnfunktionen und ein Mangel kann zu Gedächtnisschwäche führen.
Kurzfristig macht Koffein wach und stärkt Aufmerksamkeit und Denkvermögen. Deshalb sollte Kaffee in besonderen Situationen gezielt eingesetzt, aber nicht regelmäßig konsumiert werden.
Kaffee, Schwarzer Tee, Alkohol und Schokolade beinhalten harntreibende Stoffe und entwässern den Körper. Folge: Die Leistungsfähigkeit des Gehirns nimmt ab.

||| TIPP

Trinken Sie reichlich Wasser, Grünen Tee, Mate-Tee und Ginseng-Tee und jeden Tag ein Glas Rotwein oder ein Glas roten Traubensaft. Der im Rotwein enthaltene Stoff Procyanidin wirkt als Antioxidans und schützt die Zellen vor freien Radikalen.

Trinken, trinken, trinken!

Sorgen Sie dafür, dass Ihre grauen Zellen nicht austrocknen, und trinken Sie 2–3 Liter pro Tag. In Stresszeiten ist eine sehr hohe Flüssigkeitsaufnahme besonders wichtig. Bei mangelnder Flüssigkeitszufuhr kommt es zu Konzentrationsstörungen und Vergesslichkeit. Trinken Sie vor allem klares, reines Wasser! 45–75 % unseres Körpers besteht aus Wasser und der Wasseranteil im Gehirn wird auf 90 % geschätzt.

Weitere Brain-Infos:

Sanddornsaft, Kiwis, Orangen enthalten viel Vitamin C, das die Denkfähigkeit anregt und die Zellen vor freien Radikalen schützt.
Mandeln und Nüsse halten geistig fit („Studentenfutter").
Mandeln enthalten viel Magnesium, das in Stresszeiten besonders wichtig ist.
Haferflocken helfen bei Übermüdung, regen an und sorgen für eine bessere Konzentration.
Haferflocken sind ideal zum Frühstück.
Knoblauch sorgt für eine gute Sauerstoffversorgung des Gehirns.

Milch mit Honig, Bananen, Ananas und Kartoffeln wirkt beruhigend und entspannend.
Schwarze Johannisbeeren schützen die Gehirnzellen.
Heidelbeeren stärken die Gefäßwände und sorgen für eine gute Durchblutung und eine bessere Nachrichtenübermittlung im Gehirn.
Rote Weintrauben sind Muntermacher und schützen die Zellen.
Lecithin sorgt für ein besseres Gedächtnis.
Lecithin sorgt für fitte Nervenzellen und spielt eine Rolle beim Fett- und Cholesterin-Stoffwechsel. Lecithin finden Sie in Sojaprodukten, in Nüssen, Hülsenfrüchten (Erbsen, Linsen, Bohnen), in Weizenkeimen und in Schokolade.
Sesam macht fit, denn er enthält Lecithin für die Nervenzellen, Kieselsäure und das Spurenelement Selen.
Fisch ist wichtig für das Gehirn.
Johanniskraut ist hilfreich bei Stress und Erschöpfung.
Ginseng erhöht die Widerstandsfähigkeit bei Stress.
Avocados schützen die Gehirnzellen und wirken gegen Stress, Müdigkeit und Erschöpfung.
Flüssige Bierhefe ist eine wichtige Quelle für B-Vitamine, Mineralstoffe und Spurenelemente.

||| TIPP

Viele Nahrungsmittelzusätze haben negative Auswirken auf das Nervensystem.
Sie können z.B. zu Konzentrationsschwäche, Nervosität, Aggressivität, Übererregtheit und Schlaflosigkeit führen.

Tests, Tests, Tests ...

Um etwas im Gedächtnis so sicher zu speichern, dass Sie es jederzeit abrufen können, sind mehrere Faktoren von Bedeutung. Wenn Sie etwas vergessen haben, mag das daran liegen, dass Sie den Gegenstand oder die Person nicht bewusst oder nicht konzentriert genug wahrgenommen haben, mit Ihren Gedanken also ganz woanders waren. Es kann jedoch auch damit zusammenhängen, dass Sie nicht beide Gehirnhälften beim Speichern eingesetzt haben. Die häufigste Ursache für ein schlechtes Gedächtnis ist Stress, der zu Denkblockaden und Konzentrationsschwierigkeiten führt; aber auch momentane geistige Passivität (zum Beispiel im Urlaub oder im Krankheitsfall) mindert Merk- und Abruffähigkeit. Durch die nachfolgenden Tests können Sie feststellen, welche Ursachen Ihren persönlichen Gedächtnisproblemen zugrunde liegen, um dann gezielt daran zu arbeiten.

TEST 1

Gedächtnis und Konzentration im Alltag

Wie gut ist Ihr Gedächtnis im Alltag? Wie steht es mit Ihrer Konzentration? Testen Sie sich! Beantworten Sie die folgenden Fragen und kreuzen Sie jeweils die zutreffende Punktzahl an.

(0 = nie / 1 = manchmal / 2 = öfter / 3 = sehr oft)

1) Vergessen Sie, etwas mitzunehmen, oder lassen Sie etwas liegen?	0	1	2	3
2) Vergessen Sie Termine und Verabredungen?	0	1	2	3
3) Können Sie sich im Gespräch nicht an Filmtitel, Buchtitel usw. erinnern?	0	1	2	3

1) Prüfen Sie nach, ob Sie zum Beispiel die Haustür abgeschlossen oder Herd und Computer ausgeschaltet haben?	0	1	2	3
2) Haben Sie Schwierigkeiten, sich an Einzelheiten eines Gesprächs zu erinnern?	0	1	2	3
3) Fallen Ihnen bestimmte Namen zu spät ein?	0	1	2	3
1) Führen Sie Routinetätigkeiten versehentlich zweimal durch?	0	1	2	3
2) Vergessen Sie Telefonnummern und müssen Sie sie neu nachschlagen?	0	1	2	3
3) Liegt Ihnen öfter etwas auf der Zunge, zum Beispiel ein treffendes Wort, und Sie können es im Moment nicht aussprechen?	0	1	2	3
1) Passiert es Ihnen, dass Sie zum Beispiel im Keller nicht mehr wissen, was Sie dort holen wollten?	0	1	2	3
2) Vergessen Sie die Geburtstage Ihrer Freunde?	0	1	2	3
3) Fallen Ihnen in einer wichtigen Situation, zum Beispiel in einer Konferenz oder einer Prüfung, oft benutzte Fakten nicht ein?	0	1	2	3
1) Wissen Sie manchmal nicht mehr, wo Sie Schlüssel, Brille oder Briefe hingelegt haben?	0	1	2	3
2) Entfallen Ihnen interessante Informationen eines Fernsehfilms oder eines Vortrags sehr schnell?	0	1	2	3
3) Suchen Sie in Gesprächen öfter nach einem passenden Fachausdruck oder einem Fremdwort?	0	1	2	3

Auswertung

Wenn Sie die Punkte der jeweils ersten Fragen zusammenzählen, erfahren Sie etwas über Ihre Konzentrationsfähigkeit. Die addierten Punkte der zweiten Fragen sagen etwas über Ihre Merkfähigkeit aus, und die Gesamtpunktzahl der dritten Fragen zeigt Ihnen, wie es um die Abrufbarkeit Ihres Wissens bestellt ist.

1) Konzentration

0–2 Punkte: Ihre Konzentrationsfähigkeit ist ausgezeichnet.
3–5 Punkte: Sie verfügen über eine gute Konzentration. Noch ein bisschen Training und Sie sind perfekt.
6–10 Punkte: Sie sollten öfter Konzentrationsübungen machen und darüber nachdenken, wie oft Sie sich gestresst fühlen und was Sie dagegen tun können. Ihr vermeintlich schlechtes Gedächtnis ist weitgehend auf Konzentrationsmangel zurückzuführen.
11–15 Punkte: Sie scheinen sehr gestresst zu sein und brauchen dringend Entspannung sowie eine gezielte gehirngerechte Bewegung und ein regelmäßiges, verstärktes Konzentrationstraining.
Wenn Sie mehr als 2 Punkte bei diesem Test haben und gezielt etwas tun möchten, achten Sie während des Brain-Fitness-Programms

- auf die Übungen mit der Nummer 2,
- auf spezielle Tipps zur Steigerung der Konzentrationsfähigkeit (zum Beispiel Seite 91),
- auf passende Ernährungstipps (zum Beispiel Seite 205 und 216).

Wiederholen Sie empfohlene Übungen regelmäßig und wenden Sie die Tipps so oft wie möglich im Alltag an.

2) Allgemeine Merkfähigkeit

0–2 Punkte: Ihre Merkfähigkeit ist phänomenal! Sie sind zu beneiden.

3–5 Punkte: Ihre Merkfähigkeit ist prima. Bleiben Sie am Ball, um dieses gute Ergebnis zu erhalten.

6–10 Punkte: Ihr Gedächtnis funktioniert zwar, aber Sie sollten die rechte Gehirnhälfte mehr aktivieren und Ihre Konzentration stärken. Achten Sie auf spezielle Tipps und wiederholen Sie die Merkfähigkeits- und Fantasieübungen.

11–15 Punkte: Da Ihr Gedächtnis Sie sehr oft im Stich lässt, ist ein regelmäßiges Brain-Fitness-Programm mit mehrfachen Wiederholungen speziell der Merkfähigkeits- und Kreativitätsübungen unbedingt wünschenswert, damit auch Sie bald ein Spitzengedächtnis besitzen.

3) Abrufbarkeit

0–2 Punkte: Sie haben immer alles parat. Super!

3–5 Punkte: In den meisten Situationen fällt Ihnen ein, was Sie gerade von Ihrem Wissen brauchen; darüber können Sie sich freuen. Damit es so bleibt oder auch noch besser wird, tun Sie regelmäßig etwas für sich und Ihre grauen Zellen.

6–10 Punkte: Da es öfter passiert, dass Ihnen etwas auf der Zunge liegt, es Ihnen aber nicht gelingt, es auszusprechen, sollten Sie besonders die Entspannungsübungen regelmäßig wiederholen und durch Brain-Moving beide Gehirnhälften aktivieren.

11–15 Punkte: Die Ursachen für Ihr Problem könnten darin liegen, dass Sie sehr nervös oder sehr gestresst sind beziehungsweise sich schlecht auf ein Gespräch und den Gesprächspartner konzentrieren können. Wenn Ihre Gedanken um ein für Sie wichtiges Problem kreisen oder sich bereits mit dem nächsten Termin beschäftigen, ist es nur natürlich, dass Ihnen zum Beispiel Namen und Telefonnummern verloren gehen. Oder sind Sie zur Zeit geistig total unterfordert und Ihr Gehirn ist schlapp wie ein Muskel, der lange nicht benutzt wurde? Dann trainieren Sie Ihre grauen Zellen jetzt ganz intensiv, richtig und regelmäßig.

Wenn Sie beim Merkfähigkeitstest oder/und Abrufbarkeitstest nicht so gut abgeschnitten haben, seien Sie nicht frustriert, sondern packen Sie das Problem an. Stärken Sie so oft wie möglich Ihre Vorstellungskraft. Aktivieren Sie Ihre rechte Gehirnhälfte durch Fantasie- und Kreativitätsübungen und durch Brain-Moving. Denken Sie daran, dass Sie durch Entspannungsübungen Denkblockaden verhindern, Stress abbauen und die rechte Gehirnhälfte „einschalten" können. Wiederholen Sie innerhalb der Brain-Times besonders die Übungen mit den Nummern 1, 3, 5 und 6.

TEST 2

Was merke ich mir am besten?

Finden Sie heraus, wie gut Sie sich Gesichter und Namen, Geburtsdaten und Reiserouten merken und später abrufen können. Legen Sie Stift, Block und (Stopp- oder Küchen-)Uhr bereit und nehmen Sie sich ausreichend Zeit. Entspannen Sie sich!

1) Neue Bekannte

Überprüfen Sie Ihr Namensgedächtnis. Schauen Sie sich die folgenden Gesichter und Namen genau an und achten Sie auf besondere Kennzeichen. Sie haben 2 Minuten Zeit, sich die neun Personenbilder einzuprägen.

Matthias Blink

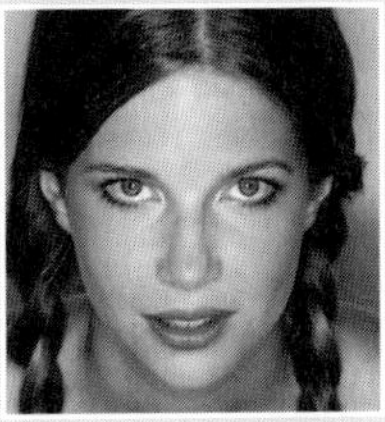

Sabine Schröder

Walter Stefani

Hans-Joachim Beck

Elisabeth Trautwein

Gudrun Nolte

Emma Zerwa

Michael Christiansen

Max Glemme

2) Wann war das nur?

Diesmal geht es um Geburtstagstermine. Merken Sie sich innerhalb von 2 Minuten, wann Ihre neuen Bekannten Geburtstag haben.

Vera:	12. Juni	Jochen:	16. Mai
Ursula:	28. September	Heinz:	9. November
Ina:	30. März	Gisela:	4. Februar
Elke:	1. April	Uwe:	8. August
Anna:	17. Dezember	Tobias:	5. Juli
Maria:	3. Oktober	Albert:	22. Januar

3) Reiseroute

In Ihrer Vorstellung kommen Sie mit einem Luxusdampfer im Hamburger Hafen an, mieten sich ein Auto und fahren nach Travemünde an die Ostsee. Dort bleiben Sie zwei Tage und reisen dann über Lübeck, wo Sie sich das Holstentor anschauen, nach Hannover. Dort gehen Sie an der Leine spazieren und in Kassel besichtigen Sie den neuen Bahnhof. In Würzburg genießen Sie den Frankenwein und übernachten im ältesten Hotel der Stadt. Über Augsburg, wo Sie das Fuggerviertel besuchen, geht es weiter nach München. Hier verbringen Sie vier Tage, gehen ins Deutsche Museum, in den Tierpark Hellabrunn, in das Nationaltheater und in den Englischen Garten. Mit dem Zug fahren Sie dann nach Kiel, um mit einer Fähre nach Oslo zu gelangen und einen zehntägigen Urlaub in Norwegen zu genießen.

Klappen Sie nun das Buch zu und schreiben Sie als Rechtshänder mit links und als Linkshänder mit rechts Ihren Namen und Ihre Adresse auf den bereitgelegten Block. Bei dieser Schreibübung haben Sie sich voll konzentriert und nicht an den Gedächtnistest gedacht.

Übungsteil

1) An welche Damen und Herren erinnern Sie sich noch? Welche besonderen optischen Kennzeichen und welche Gedankenbilder zum jeweiligen Namen haben Sie sich gemerkt? Klappen Sie das Buch zu und überlegen Sie! Für jeden richtig behaltenen Namen geben Sie sich 1 Punkt, insgesamt maximal 9 Punkte.

2) Wann haben Ihre neuen Bekannten Geburtstag?

Vera:	April	Jochen:	Mai
Ursula:	Juni	Heinz:	November ✓
Ina:	März ✓	Gisela:	22. Januar
Elke:	April ✓	Uwe:	Juli
Anna:	Dezember ✓	Tobias:	4. Februar
Maria:	Oktober ✓	Albert:	August

(maximal 12 Punkte)

3) Welche Orte und Sehenswürdigkeiten haben Sie nacheinander besucht?

Hamburg, Travemünde, Lübeck,
Augsburg (Fugger-Viertel), München
(deutsches Museum, Englischen Garten)

Für jede Übereinstimmung erhalten Sie ½ Punkt, wenn die Reihenfolge stimmt, maximal 10 Punkte.

(mögliche Gesamtpunktzahl: 31)

Auswertung

Nun, wie sieht es aus? Wenn Sie weniger als 16 Punkte erreicht haben, sind Sie zurzeit nicht in Hochform und sollten so oft wie möglich ein Brain-Fitness-Training einlegen. Mit 17 bis 22 Punkten liegen Sie im Mittelfeld, aber Sie können Ihre Merkfähigkeit noch enorm verbessern. Haben Sie 23 bis 27 Punkte, ist Ihr Gedächtnis gut, Sie können es jedoch mit dem Brain-Fitness-Programm noch optimieren. Wenn Sie zu den wenigen gehören, die 28 Punkte und mehr geschafft haben, sind Sie spitze. Das ist eine ausgezeichnete Leistung. Halten Sie dieses Niveau, indem Sie Ihre grauen Zellen weiterhin regelmäßig und gezielt auf Trab bringen.

TEST 3

Bin ich fantasievoll und kreativ?

Bevor Sie diesen Test beginnen, zunächst eine Frage: Was hat eine goldene Krone mit einem heißen Bad zu tun? Auf den ersten Blick eigentlich nichts, werden Sie denken. In Ihrer Fantasie können Sie sich jedoch zum Beispiel vorstellen, wie die Königin von Schweden ein heißes Bad nimmt und dabei ihre glitzernde Krone trägt, oder Sie stellen sich vor, wie Sie entspannt in der Badewanne liegen und goldene Kronen (Geldstücke) zählen, die Sie vielleicht gerade geerbt haben. Der Fantasie sind keine Grenzen gesetzt. Ein bisschen verrückt? Je mehr Ihre Gedankenbilder „aus der Reihe tanzen“, desto besser ist Ihre rechte Gehirnhälfte in Schwung und erlaubt Ihnen neue, kreative Lösungsmöglichkeiten für auftretende Probleme.

Die Verbindung der goldenen Krone mit dem heißen Bad hat den einen oder anderen vielleicht auch an Archimedes denken lassen, der für seinen König herausfinden sollte, ob eine geschenkte Krone wirklich aus reinem Gold bestand. Das spezifische Gewicht von Gold war bekannt, aber wie sollte man das Volumen der Krone mit den vielen Verzierungen bestimmen? Archimedes zermarterte sich den Kopf, aber je mehr er nachdachte, desto frustrierter wurde er. Schließlich beschloss er, mit der Denkarbeit aufzuhören und ein heißes Bad zu nehmen. In Gedanken versunken, füllte er viel zu viel Wasser ein, und als er in die Wanne stieg und sich in das warme Wasser legte, schwappte es über den Rand. Plötzlich, wie ein Blitz, kam ihm die Erleuchtung: Natürlich, ein eingetauchter Körper verdrängt so viel Wasser, wie es seinem Volumen entspricht. Da er das spezifische Gewicht von Gold kannte, konnte er jetzt ganz schnell feststellen, ob die Krone seines Königs wirklich aus reinem Gold war.
Wenn Sie heute sehr gestresst sind, nehmen auch Sie ein entspannendes heißes Bad, bevor Sie die folgenden Aufgaben lösen. Je entspannter Sie sind, desto kreativer werden Sie sein, denn im entspannten Zustand schaltet sich die rechte Gehirnhälfte ein und kann sogar die Oberhand gewinnen. Legen Sie eine (Stopp- oder Küchen-)Uhr bereit, nehmen Sie Papier und Stift zur Hand, und beginnen Sie:

1) Malen Sie Gedankenbilder!
Verbinden Sie jeweils zwei Begriffe, die eigentlich nicht zusammengehören, so miteinander, dass ein Gedankenbild entsteht, wie zum Beispiel eine Krone und ein Bad.
Malen Sie diese Bilder in Ihrer Fantasie in bunten Farben und versuchen Sie, möglichst alle Bilderpaare so gut zu speichern, dass Sie anschließend jeweils den zweiten Begriff nennen können, wenn Sie den ersten hören.

Schere und Bett
Parkuhr und Brötchen
Sofa und Verkehrsschild
Garten und Papierkorb
Suppe und Auto
Kaktus und Brieföffner
Kaffee und Laserdrucker
Computer und Torte
Lampe und Tinte
Stuhl und Heftzwecke
Wolle und Textmarker
Stempel und Praline
CD und Fotokopierer
Kasse und Zigarettenasche

2) Dreharbeiten an Ihrem Urlaubsort

Stellen Sie sich in Ihrer Fantasie einen Urlaubsort am Meer vor. Sie haben gerade an einem weißen Sandstrand in einer kleinen, felsigen Bucht gebadet. Jetzt freuen Sie sich auf den Spaziergang durch das verwinkelte Fischerdorf. Sie gehen vorbei an Ständen mit Souvenirs, roten und gelben Blumen, bunten Tüchern, Schmuck, Obst, Backwaren, Gewürzen und vielem mehr. Sie betrachten die alten Backsteinhäuser mit den geschnitzten blauen Haustüren und kommen schließlich in den Hafen mit den farbigen Fischerbooten. Die Fischer flicken ihre Netze. Es riecht nach Tang und Öl. Möwen kreischen. Sie setzen sich auf eine grasgrüne Bank unter einer Schatten spendenden Palme, schließen die Augen und träumen in der warmen Sonne.

3) Sind Sie kreativ?

Sie haben 2 Minuten Zeit, um aus den vorgegebenen Kreisen, Dreiecken und Vierecken jeweils sinnvolle Bilder zu malen.

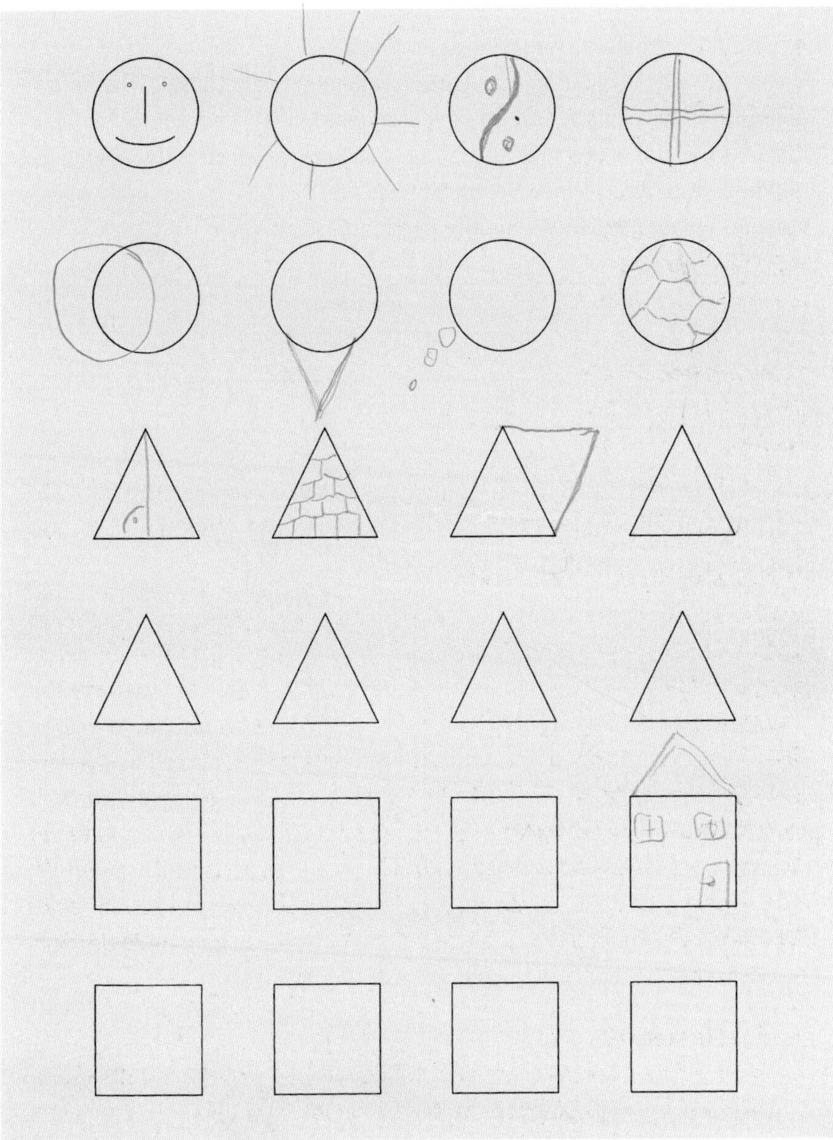

4) Lösen Sie Probleme fantasievoll und kreativ?

Stellen Sie sich vor, Sie sind auf einer einsamen Insel gelandet. Sie finden eine Hütte, die erst vor kurzem verlassen worden ist, und entdecken eine Kiste, in der sich viele leere Senfgläser mit Deckeln in verschiedenen Größen befinden. Was können Sie damit alles machen? Sie haben nur 2 Minuten Zeit, um zu überlegen und Ihre Ideen aufzuschreiben.

Gras, Beeren, Salzwasser, kleines Glas → Wasser verdunsten, Sand, Wertgegenstände, Wasser → kleine Fische, Muscheln → Messer,

Klappen Sie jetzt das Buch zu, zählen Sie rückwärts von sechzig alle Zahlen auf, die eine Sechs enthalten oder durch sechs teilbar sind, und machen Sie sich dann an den Übungsteil.

Übungsteil

1) Ergänzen Sie die Begriffe, die Sie in Ihrer Fantasie gemalt haben.

Kaktus und Brieföffner

Wolle und Textmarker

Brötchen und Parkuhr

Sofa und Verkehrsschild

Kasse und Zigarettenasche

Tinte und Licht

Stempel und Praline

Schere und Bett

Auto und Suppe

Garten und Papierkorb

Torte und Computer

CD und Fotopapier

Stuhl und Heftzwecke

Kaffee und Laserdrucker

(maximal 14 Punkte)

2) Welche Bilder tauchen auf, wenn Sie an den Urlaubsort am Meer denken?

weißer Sandstrand, felsige Bucht, Fischerdorf, rote & gelbe Blumen, bunte Tücher, Souvenirs, Schmuck, Backwaren, Gewürze, Badesteinhäuser Blaue Holztüren, Hafen, bunte Fischerboote, flickende Fischer, Tang u. Öl, Palme, Sonne, Schatten, grüne Bank

(maximal 10 Punkte: für jede richtige Nennung ½ Punkt)

3) Wie viele Bilder konnten Sie bei dieser Aufgabe in 2 Minuten malen?

Anzahl: 6

(maximal 12 Punkte: je Zeichnung ½ Punkt)

4) Wie viele Ideen hatten Sie ganz spontan für die Verwendung von leeren Senfgläsern?

Anzahl: 6,5

(für jede Idee ½ Punkt)

36,5

Auswertung

Wenn Sie 40 Punkte oder mehr erreicht haben, sind Kreativität und Fantasie Ihre absoluten Stärken.
30–39 Punkte: Sie besitzen Fantasie und sind kreativ, wenn es darauf ankommt. Fordern Sie sich immer wieder mit neuen Aufgaben heraus, um fit zu bleiben.
20–29 Punkte: Ihre Fantasie und Kreativität sind derzeit durchschnittlich, aber relativ leicht zu aktivieren. Das Brain-Fitness-Programm gibt Ihnen vielfach Gelegenheit dazu.
Unter 20 Punkten: Ihre Stärken liegen bis jetzt auf einem anderen Gebiet. Wenn Sie jedoch so oft wie möglich Fantasie und Kreativität trainieren und die rechte Gehirnhälfte in Schwung bringen, wird Kreativität bald schon zu Ihren Stärken gehören.

TEST 4

Welcher Merktyp bin ich?

Bei diesem Test geht es nicht um Punkte, sondern um die Klärung, welcher Merk- beziehungsweise Lerntyp Sie sind und welche Bedingungen bei Ihnen erfüllt sein müssen, damit Sie Informationen optimal behalten. Kreuzen Sie die folgenden Feststellungen, die für Sie zutreffen, möglichst spontan an, und denken Sie nicht erst darüber nach.

Ich merke mir Informationen besonders gut, ...

- ○ wenn ich sie höre.
- ○ wenn ich Bilder, Zeichnungen, Skizzen oder einen Film dazu sehe.
- ○ wenn ich mich beim Zuhören oder Lesen bewegen kann.
- ○ wenn ich in meinem Zimmer sitze und es ganz ruhig ist.
- ○ wenn im Hintergrund leise Musik erklingt.

- ○ wenn ich nicht allein im Raum bin.
- ○ wenn ich die Möglichkeit habe, gleichzeitig „Männchen“ zu malen.
- ○ wenn ich mir sofort Notizen machen kann.
- ○ wenn ich entspannt im Bett, auf der Couch oder auf dem Teppich liege.
- ○ wenn ich die Informationen gleich anwenden kann.
- ○ wenn ich dabei lache.
- ○ wenn die Informationen von großer Bedeutung für mich sind, zum Beispiel bei einer Prüfung oder einem wichtigen beruflichen Gespräch.
- ○ wenn die Informationen mich persönlich interessieren.
- ○ wenn ich sie lese.
- ○ wenn ich die neuen Informationen an jemanden weitergeben kann.
- ○ wenn ich positive Gedanken oder Erinnerungen dazu habe.
- ○ wenn ich dazu in Gedanken einen Film drehe.
- ○ wenn mir jemand die Sache erläutert.
- ○ wenn ich die Informationen unter Druck lernen muss.
- ○ wenn mir viele Assoziationen dazu einfallen.
- ○ wenn ich sie abends aufnehme.
- ○ wenn ich die Person, die mir die Infos gibt, mag.
- ○ wenn ich ganz still sitze und allein im Raum bin.
- ○ wenn ich mich herausgefordert fühle.
- ○ wenn ich beim Aufnehmen der Infos etwas esse oder trinke.

Auswertung

Schauen Sie sich in aller Ruhe an, welche Feststellungen Sie angekreuzt haben, und unterstreichen Sie diese für Sie wichtigen Sätze. Überlegen Sie, was Sie im Alltag und im Beruf tun können, um die Situation auch in dieser Hinsicht optimal zu gestalten. Machen Sie sich nicht nur Ihren besonderen Lerntyp bewusst, sondern auch Ihre persönlichen Lernticks. Jeder Mensch ist anders; jeder braucht ganz individuelle Gegebenheiten, um super sein zu können. Das gilt auch für die Merkfähigkeit. Versuchen Sie, wann immer es möglich ist, Stoff auf Ihre Weise aufzubereiten.

Wenn Sie ein auditiver Typ sind, also am besten über das Ohr lernen, sprechen Sie wichtige Informationen auf Kassette und hören Sie diese bei Routinetätigkeiten mehrfach ab.

Wenn Sie ein visueller Typ sind, also Informationen am besten über das Auge aufnehmen, machen Sie sich zu Ihren Notizen kleine Skizzen und Zeichnungen, schreiben Sie wichtige Begriffe in Druckschrift, unterstreichen sie und rahmen sie ein. Benutzen Sie unterschiedliche Farben. Sehen Sie jede Seite Ihrer Aufzeichnungen als Bild.

Vielleicht speichern Sie Informationen auch optimal, wenn Sie ein Gespräch, eine Diskussion darüber führen oder wenn Sie sich beim Merken zum Beispiel intensiv bewegen. Finden Sie Ihren individuellen Lerntyp heraus und akzeptieren Sie Ihre Lernticks, dann benötigen Sie in Zukunft für Ihre geistigen Aktivitäten nur einen Bruchteil der heutigen Energie.

TEST 5

Welcher Gehirntyp bin ich?

Das Hirn-Dominanz-Modell von Ned Herrmann habe ich bereits erwähnt. Grundlage dieses Modells ist die Hemisphärentheorie von Roger Sperry. Ned Herrmann teilt – analog zu den zwei Gehirnhälften – die existierenden Denk- und Verhaltensstile in vier Quadranten ein. Sie können in diesem Test herausfinden, welcher/welche der vier Quadranten bei Ihnen dominant ist/sind, welche Folgen sich daraus für Ihre Kommunikation und die Arbeit im Beruf ergeben und was Sie verändern können.

Beantworten Sie die folgenden Fragen ganz spontan. Geben Sie sich jeweils Punkte von 1 bis 5 entsprechend der Stärke Ihres Jas. Sollten Sie mit Nein antworten, kreuzen Sie die 0 an.

1)	Analysieren Sie ein Problem gern, und ziehen Sie dann entsprechende Schlussfolgerungen?	0	1	2	3	4	5
2)	Organisieren und strukturieren Sie gern?	0	1	2	3	4	5
3)	Sind Sie risikobereit?	0	1	2	3	4	5
4)	Reagieren Sie oft emotional?	0	1	2	3	4	5
5)	Sind Sie mitarbeiterorientiert?	0	1	2	3	4	5
6)	Stellen Sie sich Lösungsmöglichkeiten bildhaft vor?	0	1	2	3	4	5
7)	Gehen Sie bei Aufgaben und Problemlösungen schrittweise vor?	0	1	2	3	4	5
8)	Testen und bewerten Sie Ihre Arbeit immer wieder zwischendurch, bevor Sie weiterarbeiten?	0	1	2	3	4	5
9)	Sehen Sie sofort die Tatsachen eines Problems?	0	1	2	3	4	5
10)	Stellen Sie gern Theorien auf?	0	1	2	3	4	5
11)	Reagieren Sie positiv auf Daten, Fakten und technische Details?	0	1	2	3	4	5
12)	Reagieren Sie positiv auf ein voll durchgeplantes Fortbildungsseminar?	0	1	2	3	4	5
13)	Versuchen Sie, auch nicht sichtbare Möglichkeiten intuitiv zu erfassen?	0	1	2	3	4	5
14)	Brauchen Sie körperliche Bewegung, um sich wohl zu fühlen?	0	1	2	3	4	5
15)	Sind Sie offen für neue Ideen?	0	1	2	3	4	5
16)	Lassen Sie im Berufsleben Gefühle außer Acht?	0	1	2	3	4	5

17) Sehen Sie oft vor lauter Einzelheiten zu wenig die Zusammenhänge?	0	1	2	3	4	5
18) Ist es für Sie wichtig, möglichst alles unter Kontrolle zu haben?	0	1	2	3	4	5
19) Lassen Sie manchmal den Menschen bei der Lösung eines beruflichen Problems außer Acht?	0	1	2	3	4	5
20) Können Sie ein Problem sofort, ganz spontan anpacken?	0	1	2	3	4	5
21) Übersehen Sie manchmal Einzelheiten bei der Aufgabenlösung?	0	1	2	3	4	5
22) Lieben Sie die Zusammenarbeit im Team und die Diskussion?	0	1	2	3	4	5
23) Übersehen Sie aufgrund starker Gefühle leicht bestimmte Fakten?	0	1	2	3	4	5
24) Ist Ihre Gestik ausgeprägt?	0	1	2	3	4	5
25) Sind Sie kreativ?	0	1	2	3	4	5
26) Sind Sie eher konservativ?	0	1	2	3	4	5
27) Bevorzugen Sie kurze Sätze?	0	1	2	3	4	5
28) Sind Sie gesprächig?	0	1	2	3	4	5

Addieren Sie die Punkte der Fragen 1, 9, 10, 11, 16, 17 und 27, und tragen Sie das Ergebnis in der Abbildung auf Seite 67 oben auf der A-Achse links oben ein, das Punktergebnis der Fragen 2, 7, 8, 12, 18, 19 und 26 auf der B-Achse links unten, die Punkte der Fragen 3, 6, 13, 15, 20, 21 und 25 auf der D-Achse rechts oben und die Punkte der Fragen 4, 5, 14, 22, 23, 24 und 28 auf der C-Achse rechts unten. Verbinden Sie die Endpunkte der Achsen: Sie erhalten ein Viereck, das Ihnen Auskunft darüber gibt, welcher Quadrant Ihr Denken und Handeln am meisten bestimmt oder ob Sie von allen Quadranten gleichermaßen beeinflusst werden.

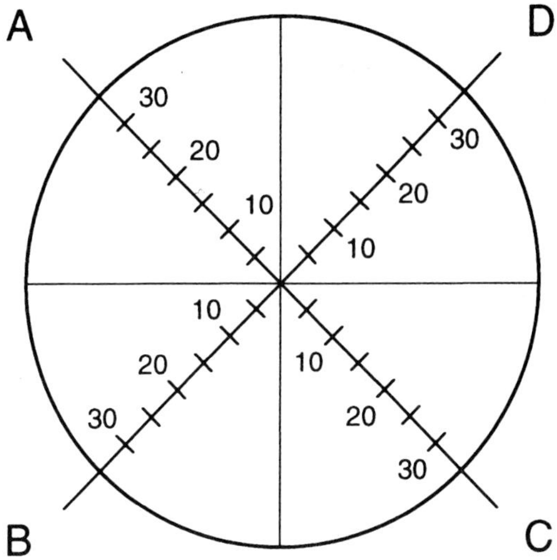

Auswertung

Ist der 1. Quadrant (A) dominant, sehen Sie sofort die Tatsachen eines Problems, analysieren es und ziehen daraus Schlussfolgerungen. Sie stellen gern aufgrund von Daten und Fakten Theorien auf und interessieren sich für Details einer Sache, vor allem auch für technische Details. Der Computer und andere technische Geräte sind dabei wahrscheinlich Ihre Partner. Vor lauter Details verlieren Sie oft die Zusammenhänge aus den Augen und lassen Gefühle außer Acht.

So aktivieren Sie Ihre Reserven

- Geben Sie den Gefühlen mehr Bedeutung.
- Versuchen Sie öfter, aus der Situation heraus zu reagieren.
- Trainieren Sie so oft wie möglich Ihre Fantasie, lassen Sie „verrückte" Ideen zu und suchen Sie in Ihrer Vorstellung öfter mal bewusst nach „unvernünftigen" Lösungsmöglichkeiten. Seien Sie ein Detektiv in Sachen „Killerphrasen": Sätze wie „Das geht nicht ..." oder „Das ist unmöglich, das haben wir noch nie gemacht ..." lähmen ungemein.
- Fahren Sie einmal ziellos durch die Gegend und freuen Sie sich über das, was Sie dabei erleben.
- Versuchen Sie mal am Tag zu träumen, in Ihrer Vorstellung zu reisen oder Dinge zu erleben, die unrealistisch scheinen.

Ist der 2. Quadrant (B) dominant, sind Form und Struktur für Sie sehr wichtig. Sie gehen bei Aufgaben schrittweise vor, bewerten und testen, bevor Sie weitermachen. Sie üben durch die Anwendung des Gelernten und reagieren positiv auf einen logisch aufgebauten und konsequent durchgeführten Unterricht beziehungsweise Tagesablauf. Es ist Ihnen wichtig, alles unter Kontrolle zu haben. Dabei übersehen Sie manchmal Zusammenhänge, und die Bedürfnisse der einzelnen Menschen spielen bei Ihren Überlegungen eine sekundäre Rolle.

So aktivieren Sie Ihre Reserven

- Trainieren Sie immer wieder alle Ihre Sinne.
- Bewegen Sie sich nach Musik, in der Vorstellung und tatsächlich.
- Versuchen Sie, Ihre Gefühle zu zeigen.
- Beginnen Sie mit Yoga, Autogenem Training, Meditation.
- Geben Sie spontanem Verhalten mehr Raum.
- Versuchen Sie, sich in andere Menschen hineinzuversetzen.
- Hören Sie einmal auf den Klang der Stimme, auf die Sprechmelodie und nicht auf den Inhalt.
- Stellen Sie sich Situationen und Lösungsmöglichkeiten bildhaft vor.
- Lassen Sie Ihrer Fantasie freien Lauf.

Ist der 3. Quadrant (D) dominant, sind Sie risikobereit und fantasievoll. Sie stellen sich Lösungsmöglichkeiten bildhaft vor, reagieren positiv auf bildhafte Darstellungen. Sie versuchen, nicht sichtbare Möglichkeiten intuitiv zu erfassen, lieben die Spontaneität und können ein Problem, eine Aufgabe sofort anpacken. Sie sind offen für alle neuen Ideen, Versuche und Spiele. Mitmenschliche Gegebenheiten bedeuten Ihnen viel und Sie sind in der Lage, auf jeden Einzelnen persönlich einzugehen. Durch Ihre Spontaneität übersehen Sie oftmals wichtige Details und beurteilen deshalb nicht alle Pläne realistisch.

So aktivieren Sie Ihre Reserven

- Achten Sie bewusst auf Formen und Strukturen.
- Entwerfen Sie zum Beispiel einen Haushaltsplan oder einen Aufgabenplan und versuchen Sie, sich daran zu halten.
- Probieren Sie mal, bei Ihren Terminen auf die Minute pünktlich zu sein, nicht früher und nicht später.
- Machen Sie sich morgens einen schriftlichen Tagesplan und streichen Sie abends die Dinge durch, die Sie erledigt haben.
- Konzentrieren Sie sich ganz bewusst auf Einzelheiten eines Textes, einer Vorlesung oder einer Aufgabe.
- Entwerfen Sie Mind Maps zu Ihren Aufgaben. Mind Mapping ist eine Methode, bei der alle auftauchenden Gedanken beziehungsweise Schlüsselbegriffe zu einem Thema aufgeschrieben und bildhaft dargestellt werden. Durch die vernetzte, bildhafte Darstellung werden beide Gehirnhälften aktiviert.

Ist der 4. Quadrant (C) dominant, reagieren Sie sehr emotional und intuitiv. Sie sind sehr mitarbeiterorientiert und legen Wert darauf, andere Menschen für Ihre Anliegen zu begeistern. Sie können gut zuhören, Ideen austauschen und persönliche Erfahrungen einbringen, experimentieren und diskutieren gern und arbeiten am liebsten im Team. Körperliche Bewegung und Musik sind sehr wichtig für Sie. Durch Ihre große Gefühlsbeteiligung übersehen Sie leicht gewisse Fakten und kommen dann oft nicht zu einer Planung der Einzelheiten.

So aktivieren Sie Ihre Reserven

- Messen Sie Ihren Gefühlen nicht eine so große Bedeutung bei.
- Holen Sie dreimal tief Luft, bevor Sie reagieren.
- Achten Sie in Gesprächen bewusst auf Einzelheiten.
- Versuchen Sie, Aussagen wörtlich zu nehmen, ohne sie gefühlsmäßig zu interpretieren.
- Beschäftigen Sie sich mit technischen Daten und Fakten. Freunden Sie sich beispielsweise mit dem Computer an.
- Planen Sie manchmal Ihren Tagesablauf.
- Konzentrieren Sie sich bewusst auf Tatsachen. Schreiben Sie dazu in Form einer Gegenüberstellung auf, welche Fakten eines Problems gegeben sind und welche Wünsche Sie in dieser Hinsicht haben. Definieren Sie Ziele und erarbeiten Sie den Weg dorthin einmal Schritt für Schritt.

Das Brain-Fitness-Programm

Das sollten Sie vor Trainingsbeginn beachten

1) **Sorgen Sie dafür, dass Sie eine Weile ungestört sind.** Ziehen Sie bequeme Kleidungsstücke an, in denen Sie sich wohl fühlen, und trainieren Sie in einem Raum, der Sie nicht an Arbeit erinnert, sondern an Freizeit und Wohlbefinden. Legen Sie Papier, Stift und (Stopp-)Uhr bereit.
2) **Suchen Sie sich eine Entspannungsmusik** (zum Beispiel Barockmusik oder andere klassische Musik, siehe Seite 255) **und eine flotte Lieblingsmusik** für diesen Tag aus. Die ruhige Musik verstärkt die Wirkung Ihrer Entspannungsübung, während die flotte Musik Sie anregt und bei der Gehirngymnastik unterstützt. Wer mag, kann bei den übrigen Übungen ebenfalls Barock- oder andere ruhige klassische Musik leise im Hintergrund hören. Sie fördert geistige Leistungen und wird zum Beispiel im „Superlearning" eingesetzt. Denken Sie jedoch daran, dass jeder Mensch anders ist und anders empfindet. Wenn Sie Musik beim Denken stört, schalten Sie sie ab.
3) **Lassen Sie zunächst leise Entspannungsmusik erklingen,** um sich **einzustimmen.**
4) **Beginnen Sie immer mit einer Entspannungsübung,** um sich zu sammeln und von der Hektik des Alltags abzuschalten. Halten Sie die vorgegebene Reihenfolge der Übungen ein, um Ihr Gehirn richtig zu fordern. Übertreiben Sie nicht! Machen Sie täglich nur eine Übungseinheit. Wenn Sie danach noch Lust haben, weiter zu trainieren, wiederholen und vertiefen Sie die

schon bekannten Übungen. Entspannungsübungen und Gehirngymnastikübungen sollten Sie mehrmals täglich machen.

5) **Üben Sie nicht mit vollem Magen,** denn dann wird Blut aus dem Gehirn abgezogen, damit die Verdauungsorgane besser durchblutet werden können. Das Gehirn erhält nicht genügend Sauerstoff und Nährstoffe, um optimal arbeiten zu können. Sie merken das daran, dass Sie nach einem üppigen Essen müde werden.
6) **Beachten Sie Ihren persönlichen Biorhythmus.** Sie wissen, es gibt sogenannte „Morgen-" und „Abendmuffel". Zu welcher Gruppe gehören Sie? Trainieren Sie möglichst in einer Hochphase. Üben Sie möglichst immer zur gleichen Zeit! Es kommt dann zu einem positiven Gewöhnungseffekt. Körper und Geist stellen sich zu dieser Zeit automatisch auf das Training ein, und Sie vergeuden keine Energie, um sich „aufzuraffen".
7) **Üben Sie regelmäßig,** denn nur ein regelmäßiges Training führt zum Erfolg. Das Gehirn ist durchaus vergleichbar mit einem Muskel, den Sie auch regelmäßig fordern müssen, damit er voll leistungsfähig bleibt. Das, was für Gymnastik und Sport gilt, trifft auch für das Gehirn zu.
8) **Ändern Sie den Zeitfaktor, wenn Sie den Schwierigkeitsgrad der Übungen steigern beziehungsweise verringern wollen.**

Brain-Time 1

Willkommen zum Brain-Fitness-Training! Nehmen Sie sich 15 bis 20 Minuten Zeit. Legen Sie eine CD oder Kassette mit einer ruhigen, entspannenden Musik auf und versuchen Sie, Termine und andere Anforderungen komplett auszublenden. Lassen Sie sich einstimmen auf eine entspannte, wache, geistig und körperlich aktive Viertelstunde, in der Sie mit Spaß und Erfolg Ihre Übungen meistern. Und jetzt beginnen Sie mit unserem ganzheitlichen Brain-Fitness-Programm:

1) Entspannung

Öffnen Sie das Fenster und atmen Sie 3-mal tief ein und aus. Legen Sie Ihre Handflächen vor der Brust gegeneinander und versuchen Sie, zunächst mit der linken Hand die rechte Hand wegzudrücken, und dann umgekehrt. Atmen Sie gleichmäßig weiter, zählen Sie bis fünf und lassen Sie los. Nehmen Sie das entspannte Gefühl bewusst wahr und genießen Sie es. Wiederholen Sie die Übung 5-mal.

Durch den Wechsel zwischen Anspannung und Entspannung und die Konzentration auf Ihren Atem und auf Ihre Hände schalten Sie ab von der Hektik des Alltags. Sie werden ruhig und entspannt und Ihr Kopf wird klar. In wichtigen Situationen vermeiden Sie Denkblockaden und erhöhen Ihre Aufmerksamkeit, wenn Sie zwischendurch mit diesen oder ähnlichen Übungen für einen Wechsel von Anspannung und Entspannung sorgen.

2) Konzentration

Lesen Sie den Text aus Großbuchstaben auf der nächsten Seite möglichst schnell, zählen Sie die Wörter und versuchen Sie gleichzeitig, den Inhalt zu erfassen. Mit Aufgaben dieser Art steigern Sie nicht nur Ihre Konzentrationsfähigkeit, sondern auch Ihre Lesegeschwindigkeit und Ihre Wahrnehmungsfähigkeit.

WERSEINDENKVERMÖGENUNDSEINEKREATIVITÄT
STEIGERNWILLLÄSSTBEIDEGEHIRNHÄLFTENZUM
EINSATZKOMMENWECHSELTZWISCHENKOPFARBEIT
BEWEGUNGUNDENTSPANNUNGUNDFÖRDERTSEINE
KONZENTRATIONSFÄHIGKEITUNDVERBESSERTSEINE
SPRACHGEWANDTHEITACHTETAUFGEHIRNGERECHTE
ERNÄHRUNGUNDLACHTSOOFTWIEMÖGLICH

Bei der folgenden Gedächtnisübung geht es um eine schnelle Orientierung. Sie sollen sich in einer fremden Stadt zurechtfinden und auch hier das angestrebte Ziel schnell und sicher erreichen.

3) Merkfähigkeit

Stellen Sie sich vor, Sie kommen in eine fremde Stadt und suchen die Firma „Lichtpunkt“. An einer Tankstelle erklärt Ihnen jemand mit Hilfe eines Stadtplans (siehe Abb. auf Seite 76) den Weg. Sie versuchen, sich die Route mit den Straßen und markanten Punkten in 2 Minuten bildhaft einzuprägen.

Decken Sie den Stadtplan zu, rechnen Sie „124 x 17“ im Kopf und versuchen Sie, den Weg von Ihrem Ausgangsstandort zur Firma Lichtpunkt möglichst schnell und korrekt zu beschreiben. Wenn Sie den Weg bildhaft gespeichert haben, können Sie auch eine Skizze zeichnen.

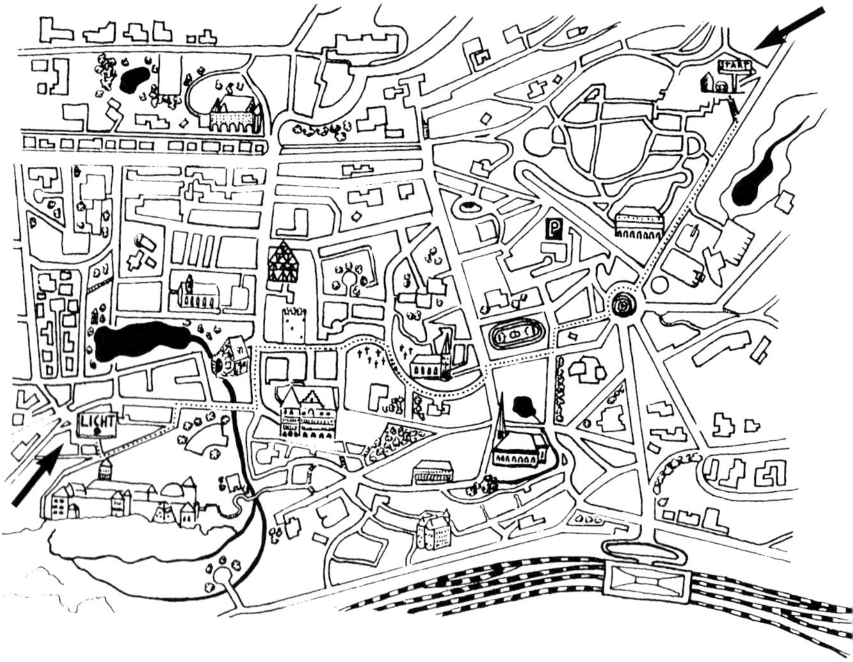

Atmen Sie einige Male tief ein und aus, bevor Sie die nächste Übung beginnen:

Fällt Ihnen immer das passende Wort ein? Mit der nächsten Übung aktivieren und erweitern Sie Ihren Wortschatz und Sie verbessern Ihre Sprachgewandtheit.

4) Wort- und Wissensfindung

Das ist das A und O

a) Wie viele Wörter finden Sie in 1 Minute, die nur die Vokale a und o enthalten, wie zum Beispiel Vokal, Lokal …

Oma, Opa, Ohr, Aal, Anfang,

b) Gesucht werden bekannte Persönlichkeiten, in deren Namen nur die Vokale a und o vorkommen, wie zum Beispiel Mozart.

Bach,

Einige Lösungsvorschläge finden Sie auf Seite 234.

Damit Sie längere Zeit voll konzentriert und effektiv arbeiten können, ist es sinnvoll, rechtzeitig, regelmäßig und richtig Pausen einzulegen. Pausen dienen der Regeneration und der Energiegewinnung für neue Aufgaben, deshalb:

- Schalten Sie Ihren Denkapparat ab.
- Versorgen Sie Ihren Körper mit Sauerstoff.
- Bewegen Sie sich, damit alle Organe besser durchblutet werden, aber
- bewegen Sie sich nicht irgendwie, sondern mit Brain-Moving-Übungen zur allgemeinen Aktivierung der grauen Zellen und zur gezielten Förderung bestimmter Gehirnbereiche. Rhythmische Musik spornt Sie an und unterstützt das Brain-Moving. Legen Sie eine entsprechende CD ein und fangen Sie an:

5) Brain-Moving

Eine der effektivsten Brain-Moving-Übungen ist diese: Tanzen Sie sich warm! Tanzen Sie allein oder zu zweit, und zwar möglichst flott, um die Durchblutung des Körpers und des Gehirns zu intensivieren und den Adrenalinspiegel abzubauen.

6) Fantasie und Kreativität

Zum Computer gehört der Drucker, zum Telefon gehört der Terminkalender, aber was sollen Begriffspaare wie „Computer und Kamel"? Dinge, die auf den ersten Blick nichts miteinander zu tun haben, in eine Beziehung zu bringen, erfordert Fantasie und Kreativität, lässt Sie gewohnte Denkschienen verlassen und neue Wege finden. Genau das wird ja von Ihnen erwartet, wenn Sie ein Problem lösen sollen oder zum Beispiel eine neue Verkaufsstrategie entwickeln müssen.

Gedankenbilder

Trainieren Sie so oft wie möglich, ungewohnte Verbindungen herzustellen und aus zwei Begriffen ein fantasievolles Bild zu malen. Stellen Sie sich zum Beispiel vor, Sie haben ein Rendezvous, öffnen der Dame oder dem Herrn Ihres Herzens die Autotür und heraus quellen Cornflakes, Cornflakes …

Lassen Sie sich zu den folgenden Begriffspaaren möglichst merkwürdige oder sogar verrückte Bilder einfallen. Sie werden sehen, wie leicht Sie sich später daran erinnern werden.

Kamel und Computer
Perlen und Büro
Lexikon und Rose
Clown und Kaffeemaschine
Aufzug und Koalabär
Chef und Nachthemd
Mond und Krawatte
Mülleimer und Telefon
Schreibtisch und Tomaten
Fenster und Bierdeckel

Diese Übung fördert die Vorstellungskraft und Kreativität und verbessert Ihre Merkfähigkeit. Für diejenigen, die ihre grauen Zellen noch mehr anregen wollen, eine „Denk mal"-Aufgabe:

Denk mal

Verbinden Sie neun Punkte mit vier geraden Strichen, die hintereinander gezogen werden müssen. Kein Punkt darf doppelt berührt werden. Wenn diese Aufgabe für Sie zu einfach ist, versuchen Sie es mit 16 Punkten und sechs geraden Strichen (Lösungen Seite 234).

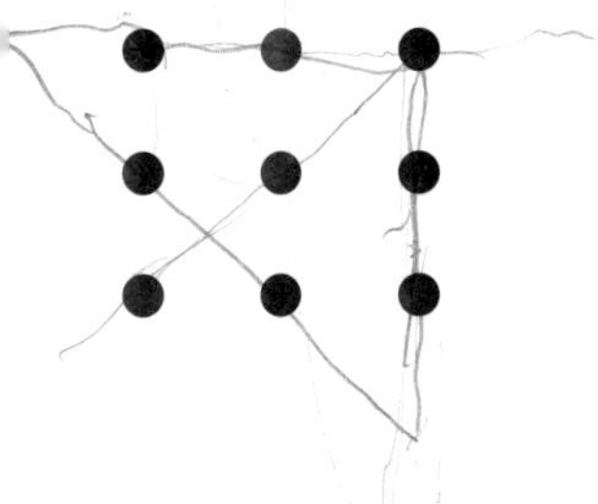

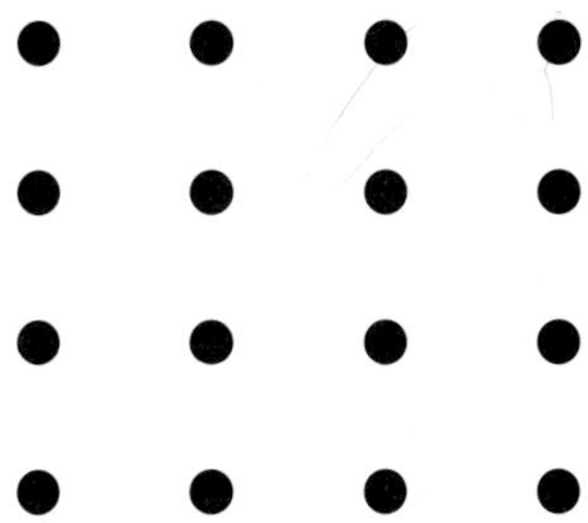

Memory

Wiederholen Sie noch einmal den Inhalt der Konzentrationsübung und beschreiben Sie die Route von der Tankstelle zur Firma „Lichtpunkt".

||| BRAIN-TIPP

Stadtbummel mit Lerneffekt

Bleiben Sie beim nächsten Stadtbummel ein paar Minuten vor einem Schaufenster stehen und merken Sie sich möglichst viele Einzelheiten. Abends rufen Sie sich die Details ins Gedächtnis. Sind Ihnen mehrere Dinge entfallen, schauen Sie am nächsten Tag noch einmal in das Fenster.

So, das erste Trainingsprogramm haben Sie geschafft. Wenn Sie mit Ihren Übungsergebnissen zufrieden sind, belohnen Sie sich.
Wenn Sie mehrere Lücken entdeckt haben, belohnen Sie sich ebenfalls. Denn Sie haben einen Anfang gemacht und die Übungen des ersten Tages ausprobiert. 21 weitere Brain-Times mit vielen interessanten Übungen warten noch auf Sie, und wenn Sie die Tipps und Anregungen im Alltag umsetzen, werden Sie bald feststellen, dass Sie Aufgaben, die Ihnen heute noch schwierig erscheinen, in Zukunft spielerisch leicht meistern werden.

Ernährungstipp: Pep-up-Drink für schnelle Denker	
Alles Banane Mixen Sie ½ Liter Milch 1 Banane 1 bis 2 Eigelb 1 bis 2 TL Honig 1 EL Weizenkeime 1 EL Sojapulver	Wie einer ihrer botanischen Beinamen bereits sagt, wird die Banane (Paradiesfeige) als ideale Speise für Denker angesehen (*sapientum* = weise; *Musa paradisiaca var. sapientum*). Man sagt außerdem, dass sie glücklich macht, denn die Banane enthält Stoffe, die im Gehirn die Produktion von Serotonin (Neurotransmitter) anregen. *Eine* Banane am Morgen oder während des Tages hält Sie fit. *Mehrere* Bananen dagegen sind eine ideale Schlummernahrung, da eine hohe Konzentration Serotonin beruhigend wirkt.

BRAIN-INFO

Sie können sich nicht nur warm laufen, sondern auch warm denken! Spitzensportler laufen sich zunächst warm, um dann Höchstleistungen vollbringen zu können, denn in einem Augenblick von 0 auf 100 Prozent Leistung, das schafft weder ihr Körper noch ihr Gehirn. Das Brain-Fitness-Programm entspricht dem Training im Sport und führt zu optimaler Denkfähigkeit und Kreativität. Nicht nur das Gehirn, sondern sämtliche Organe des Körpers werden besser durchblutet, besser mit Sauerstoff versorgt und von Schlackenstoffen befreit. Durch die Anregung von Herz und Kreislauf werden kalte Füße warm und Sie fühlen sich rundherum wohler.

Brain-Time 2

Wenn Sie sich sehr gestresst fühlen, dann ist die folgende Anti-Stress-Übung genau richtig für Sie.

1) Entspannung

Lassen Sie leise Meditationsmusik erklingen und setzen Sie sich an Ihren Schreibtisch oder Esstisch. Schließen Sie die Augen, stützen Sie Ihre Ellbogen auf und halten Sie mit beiden Händen Ihre Stirn, und zwar oberhalb der Augen, in der Mitte zwischen Augenbrauen und Haaransatz.

Atmen Sie ruhig und gleichmäßig und stellen Sie sich vor, wie Sie zum Beispiel im warmen Sand am Meer liegen. Sie spüren die Sandkörner durch Ihre Hände gleiten, das Rauschen des Meeres und die warmen Sonnenstrahlen auf Ihrer Haut. Ihre Probleme ziehen vorbei wie weiße Wolken und lösen sich auf durch die Energie der Sonne. Öffnen Sie nach einigen Minuten die Augen und strecken Sie sich wie nach einem erholsamen Schlaf.

2) Konzentration

Versuchen Sie, bei den Kippbildern innerhalb 1 Minute möglichst oft die Perspektive zu wechseln und die Zeichnungen zu kippen.

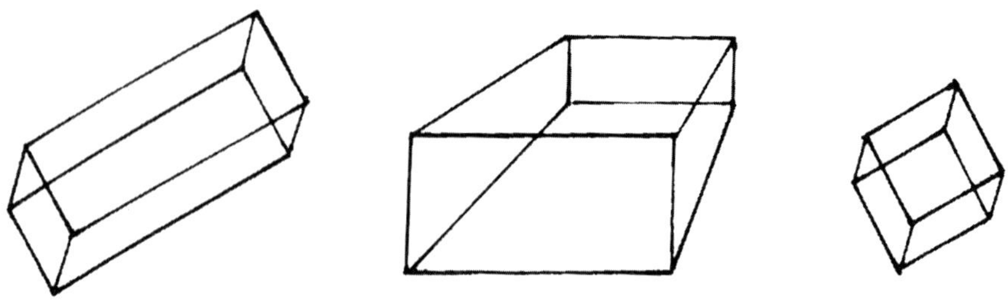

3) Merkfähigkeit

Von den Bildern, die kippen, nun zu den Bildern, die laufen. Bei der heutigen Gedächtnisübung geht es um Filmtitel.
Merken Sie sich die folgenden Filmtitel, indem Sie Ihre Vorstellungskraft aktivieren. Entwerfen Sie Gedankenbilder!

Einer flog über das Kuckucksnest
Drei Männer und ein Baby
Das siebente Siegel
Casablanca
Eine Dame verschwindet

007 jagt Dr. No
Drei Männer im Schnee
Frühstück bei Tiffany
Amadeus
Die flambierte Frau
Wenn der Postmann zweimal klingelt
Die Farbe Lila
Harry und Sally
Jenseits von Afrika
Die Million
Das Fenster zum Hof

Bei Gedächtnisübungen ist es wichtig, nicht sofort die gemerkten Begriffe aufzuschreiben, sondern mindestens 20 bis 30 Sekunden zu warten, um sicherzustellen, dass die Informationen bereits im Kurzzeitgedächtnis sind. Rechnen Sie zwischendurch „18 x 36" und „19 x 47". Decken Sie die Filmtitel ab und schreiben Sie die Titel auf, an die Sie sich noch erinnern.

007 [illegible] Dr. No, Drei Männer im Schnee, Frühstück bei Tiffany, Die flambierte Frau, Wenn der Postmann 2x klingelt, Harry und Sally, Jenseits von Afrika, Die Million, das Fenster zum Hof, Drei Männer und ein Baby, einer flog über das Kuckucksnest, [illegible], Casablanca, eine Dame verschwindet

Haben Sie einige der Filme bereits gesehen? Erinnern Sie sich noch an den genauen Handlungsablauf und an die Namen der Schauspieler? Wenn nicht, dann schauen Sie sich doch die Filme in den nächsten Wochen auf DVD oder Video noch einmal an und versuchen Sie, sich möglichst viele Einzelheiten einzuprägen. Achten Sie auch einmal auf die Sprache, auf bildhafte Vergleiche, witzige Wortspiele oder ausgefallene Wortschöpfungen.

4) Wort- und Wissensfindung

Mit dieser Wortfindungsübung können Sie ebenfalls Ihren Wortschatz vergrößern und in Zukunft Namen und Informationen bewusster wahrnehmen und besser speichern.

a) Abkürzungen

Finden Sie in einer Minute zu jeder Abkürzung mindestens ein möglichst kurzes Wort, das die jeweiligen Buchstaben enthält.
Beispiel:

EDV: VIDEO, VIADUKTE

FBI: Fabian, Fingerlein

BGB: Bergbau, Baugebiet

NDR: Rand, rund

ZDF: Fadenzwirn,

ARD: Darm, Rand,

VIP:

UNO:

SOS: Sommersprossen

TIR: Ritter

BDI: Badmeister

b) Filme und Hits

Fallen Ihnen spontan Titel von Filmen oder Hits ein, in denen die jeweiligen Buchstaben der Abkürzungen enthalten sind?
Beispiel: EDV
Die vierte Ehe der Frau Margreth

____

____

____

Lösungsideen zu Übung 4 finden Sie auf Seite 234.

5) Brain-Moving

Das mach' ich doch mit links

Schwingen Sie zunächst einige Male den linken Arm und das linke Bein im Rhythmus der Musik so weit wie möglich vor und zurück. Strecken Sie dann den linken Arm zur Decke und versuchen Sie, auf Zehenspitzen einen vermeintlichen schweren Magneten von der Decke abzuziehen und ihn anschließend auf den Boden zu legen.
Wenn Sie die linke Körperhälfte bewegen, regen Sie die rechte Gehirnhälfte an, da deren Nervenbahnen wie auch die der linken Hälfte in die gegenüberliegende Körperseite führen. Linksbewegungen stärken Ihre Vorstellungskraft.

Mit neuem Schwung und wieder voll aufnahmefähig können Sie nun mit den folgenden Übungen Fantasie und Kreativität anregen.

6) Fantasie und Kreativität

Just fit

Sind Sie fit? Jeder weiß, was dieses Wort bedeutet. Fallen Ihnen ganz spontan Ideen ein, was die Buchstabenfolge F-i-t noch bedeuten könnte?

Beispiel: Frauen im Trend, Frauen interessieren Topmanager

Fasten immer täglich, Frei im Trend, Frage immer tatsächlich, Fange im Takt, Finger im Text,

Wenn Sie Spaß daran haben, neue Bedeutungen zu erfinden, schauen Sie sich noch einmal die Abkürzungen der Wortfindungsübung (4a) an.

Beispiel: EDV
Ein Designer visualisiert

Denk mal

Nachdem Sie Ihren Geist jetzt optimal angeregt haben, folgt nun ein kniffliges Streichholzproblem: Legen Sie zunächst vier Streichhölzer zu einer Art Schaufel aus.

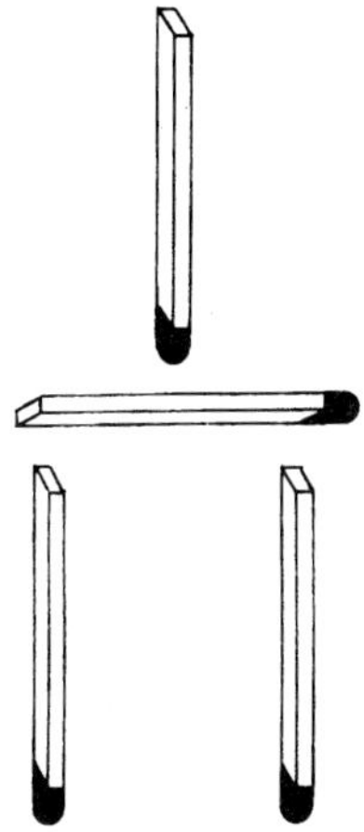

Wie können Sie die Schaufel nach oben drehen (um 180 Grad), indem Sie nur zwei Streichhölzer verlegen? (Lösung Seite 235)

Memory

Können Sie auch heute noch den Weg von der Tankstelle zur Firma „Lichtpunkt" beschreiben?

Atmen Sie 3-mal tief ein und aus, strecken und recken Sie sich dabei, und versuchen Sie dann, sich an die 16 Filmtitel aus dieser Brain-Time zu erinnern:

____

____

____

||| BRAIN-TIPP

Trinken Sie täglich 2 bis 3 Liter Flüssigkeit. Wichtig ist viel Wasser, Brennnesseltee und immer wieder mal ein Glas Fruchtsaft, pur oder am besten mit Wasser vermischt, zum Beispiel Johannisbeer-, Orangen-, Zitronen- oder Sanddornsaft. Kaffee und Alkohol sind nicht geeignet, sie sollten – wenn überhaupt – einen geringen Stellenwert haben. Beide Genussgifte sind wie Nikotin schädlich für die Brain-Fitness!

Ernährungstipp: Brain-Drink zur Intelligenzsteigerung

Oranapf
Mixen Sie
1 Glas frisch gepressten Orangensaft
1 Glas naturtrüben Apfelsaft
3 EL Sanddornsaft
Saft einer Zitrone

Zitrus-Brain-Drink
Mixen Sie
1 Glas Orangensaft
Saft einer Zitrone
1 Glas Möhrensaft
1 EL Weizenkeimöl

Einer amerikanischen Studie zufolge soll Vitamin C (Ascorbinsäure) den Intelligenzquotienten um 3 bis 5 Punkte anheben. Vitamin C wie auch die Vitamine A und E wirken außerdem als Antioxidantien, das heißt, diese Vitamine können freie Radikale unschädlich machen, die ein vorzeitiges Altern der Körper- und damit auch der Hirnzellen verursachen. Wenn Sie Ihre geistige Leistungsfähigkeit optimieren wollen, sollten Sie jeden Tag viel frisches Obst essen, besonders Zitrusfrüchte, und Säfte mit einem hohen Vitamin-C-Gehalt trinken, wie zum Beispiel Sanddornsaft. Übrigens: Künstliches Vitamin C in Pulver- oder Tablettenform hat nicht dieselbe Wirkung.

BRAIN-INFO

Denken steigert den Hirnstoffwechsel und fördert die Durchblutung. Geist und Gedächtnis reagieren sehr sensibel auf zu geringe Beanspruchung.
(S. Lehrl, Universitätspsychologe)

Wer rastet, der rostet
Schon nach einem dreiwöchigen Krankenhausaufenthalt kann der IQ um bis zu 30 Prozent sinken. Vorsicht auch bei einem sogenannten Faulenzerurlaub: Danach gibt es häufig Schwierigkeiten beim Denken, da die Gehirntätigkeit „eingerostet“ ist.

Brain-Time 3

Zerstreutheit ist Konzentration auf etwas anderes. Konzentrationsmangel kann viele Ursachen haben, zum Beispiel Stress, zu viel Fernsehkonsum, falsche Ernährung, mangelnde Bewegung oder Probleme. In den meisten Fällen beruht er auf Stress und Problemen. Wenn Sie all Ihre Energie auf ein bestimmtes Problem richten und Ihre Gedanken immer wieder um dieses Problem kreisen, steht Ihnen kaum Energie für andere Aufgaben zur Verfügung. Sie schweifen ab, sind zerstreut, müde und lustlos. Dagegen können Sie etwas tun. Verbinden Sie Entspannung mit Bewegung und machen Sie regelmäßig folgendes Programm:

1) Entspannung

Atmen Sie einige Male tief ein und aus. Konzentrieren Sie sich nur auf Ihren Atem. Legen Sie beide Hände vor dem Körper aufeinander und drücken Sie die untere Hand, die massiven Widerstand leistet, nach unten. Dauer: etwa 30 Sekunden. Welche Hand ist stärker? Lassen Sie los und genießen Sie das entspannte Gefühl. Wiederholen Sie die Übung jetzt 3-mal und später tagsüber so oft wie möglich. Wechseln Sie die oben beziehungsweise unten liegende Hand.

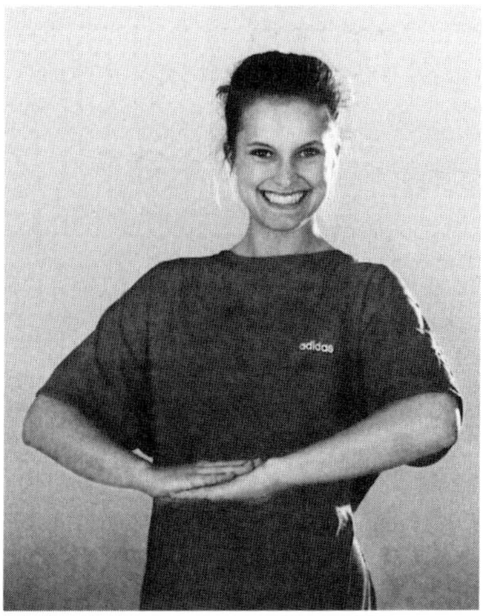

2) Konzentration

Labyrinth

Haben Sie sich schon einmal in einem Irrgarten verirrt und den Ausgang nur schwer erreicht? Finden Sie bei diesem Labyrinth möglichst schnell den richtigen Weg vom Start zum Punkt A (**nur** mit den Augen, nicht mit einem Stift).

Wenn Sie diese Labyrinthzeichnung wie auch die Kippbilder des gestrigen Tages kopieren und an die Küchen-, Büro- oder Toilettentür heften, haben Sie zwischendurch immer wieder Gelegenheit, Ihre Konzentration zu testen und zu trainieren.

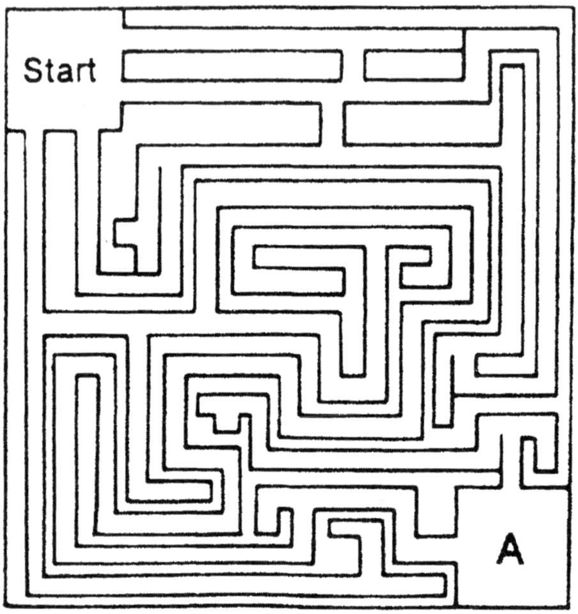

||| BRAIN-TIPP

Konzentration durch Abwechslung

Die Konzentrationsfähigkeit wird gesteigert, wenn Sie zwischen passivem Aufnehmen von Informationen und aktivem Handeln beziehungsweise Schreiben immer wieder abwechseln.

- Schalten Sie die Nachrichten oder eine andere Informationssendung ein und verändern Sie ganz langsam die Lautstärke, bis Sie den Ton gerade noch hören können.
- Konzentrieren Sie sich etwa 1 Minute auf einen bestimmten Punkt im Raum und versuchen Sie, nichts anderes wahrzunehmen und an nichts anderes zu denken. Steigern Sie die Zeit von Tag zu Tag um 1 bis 2 Minuten.
- Versuchen Sie, auf Ihren Spaziergängen ganz bewusst die Geräusche der Natur wahrzunehmen, zum Beispiel das Plätschern eines Baches, das Rauschen der Blätter, das Rascheln des Laubs, durch das Sie gehen ...
- Wenn ein Vortrag oder eine Konferenz langweilig werden, nutzen Sie die Zeit für sich und trainieren Sie Ihre Konzentration: Achten Sie auf bildhafte Vergleiche, zählen Sie die Fremdwörter, die Häufigkeit bestimmter Wörter oder Endungen.
- Spielen Sie das Störspiel: Sie konzentrieren sich 5 Minuten oder länger auf eine Aufgabe, und Ihr Partner muss versuchen, Sie zu stören und abzulenken, während Sie nicht reagieren dürfen. Wenn Sie große Konzentrationsprobleme haben, sollten Sie mit 1 oder 2 Minuten beginnen (Stopp- oder Küchenuhr verwenden!) und sich Tag für Tag um 1 bis 2 Minuten steigern.

3) Merkfähigkeit

Gerüche

Gehen Sie bei der folgenden Übung Ihrer Nase nach! Um an ein Ziel zu gelangen, reicht es manchmal schon aus, einem verlockenden Duft oder Geruch zu folgen. Konzentrieren Sie sich auf Ihre Geruchsempfindung. Stellen Sie sich vor, wie Sie die folgenden Gerüche und Düfte schnuppern und die entsprechenden Dinge sehen.

Seife – Zwiebel – Kaffee – Zitrone – Senf – Schokolade – Bienenwachs – Essig – Rosen – frische Brötchen – Schuhputzmittel – Benzin – Parfüm – Bratfisch – Lavendel

Dies war ein Fitnesstraining für Ihre Sinne, und nun zum Fitnesstraining Ihres Wortschatzes. Um daraus gleichzeitig eine Konzentrationsübung zu machen, messen Sie die Zeit.

4) Wort- und Wissensfindung

a) Fitnesstraining

Stellen Sie sich vor, Sie haben nicht das ganze Alphabet zur Verfügung, um Wörter zu bilden, sondern nur die Buchstaben des Wortes „Fitnesstraining“. Wie viele Wörter können Sie in 1 Minute zusammensetzen, wenn Ihnen für jedes Wort immer wieder alle Buchstaben zur Verfügung stehen?

Beispiel: Frage, Test …

____

____

Lösungsvorschläge finden Sie auf Seite 235. Wenn Sie sich unterfordert gefühlt haben, können Sie innerhalb von 2 Minuten möglichst viele Wörter mit mehr als vier oder fünf Buchstaben suchen oder zum Beispiel Begriffe zum Thema Beruf oder auch nur Namen oder Gegenstände. In Zukunft gibt es für Sie keine Leerlaufzeiten mehr. Nehmen Sie irgendein Wort und bilden Sie aus den Buchstaben möglichst schnell neue Wörter. Probieren Sie es einmal, ohne das gewählte Wort aufzuschreiben. Das verbessert Ihre Konzentration und Ihre Vorstellungskraft und lässt Sie auch schwierige Namen oder Fachbegriffe richtig schreiben. Diese Anagramme machen sehr viel Spaß zu zweit oder in der Gruppe.

b) Testen Sie Ihr Sprachtalent

Finden Sie möglichst schnell zu den folgenden Begriffen das Gegenteil: Evolution – __________

Kolonie – Freistaat

Altruismus – Egoismus

Sentimentalität – Hart

Labilität – Stabil

konkret – unkonkret

konform – __________

konvex – konkav

konfus – e

permanent – kurzlebig

(Lösungen Seite 235)

5) Brain-Moving

Pause. Öffnen Sie das Fenster und bewegen Sie sich gehirngerecht: Stellen Sie sich hin und strecken Sie Ihren rechten Arm zur Decke. Heben Sie nun das linke gestreckte Bein nach vorne und so hoch wie möglich, während Sie gleichzeitig den rechten nach oben gestreckten Arm nach unten schwingen. Jetzt kommt das gestreckte Bein wieder auf den Boden und Sie wiederholen denselben Bewegungsablauf von vorne. Später wechseln Sie die Seiten: Sie heben das rechte gestreckte Bein, während der linke Arm nach unten schwingt. Wiederholen Sie die Übung pro Seite 10- bis 15-mal.

Diese gehirngerechte Bewegung hat nicht nur Kopf und Körper besser durchblutet, sondern auch Blockaden gelöst und die rechte Gehirnhälfte mobilisiert.

6) Fantasie und Kreativität

Ein kreativer Mensch ist neugierig, liebt das Risiko, probiert aus, handelt intuitiv und spielt gern! Stellen Sie sich vor, Sie sollen Werbeplakate entwerfen. Ihr Kollege hat bereits angefangen und Sie vollenden die Plakate. Was können Sie aus der angefangenen Zeichnung kreativ entstehen lassen?

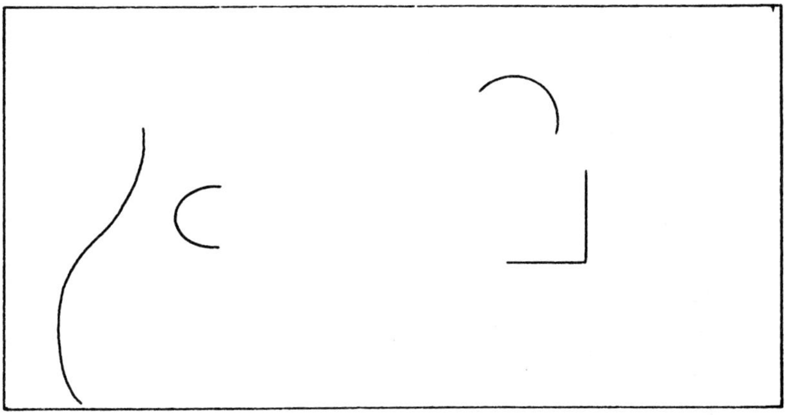

Denk mal

Neubausiedlung

Stellen Sie sich vor, Sie wollen einen Freund in einer Neubausiedlung besuchen, deren Straßen zurzeit nicht benutzbar sind, und Sie müssen über die Grundstücke laufen. Da Ihr Freund knifflige Aufgaben liebt, stellt er Ihnen folgende Frage: „Schaffst du es, auf deinem Weg alle 36 Grundstücke einmal – aber nur einmal – zu durchqueren, mit Ausnahme des letzten Grundstückes mit dem Haus, das zweimal durchquert werden darf?“ Wie sieht der Weg aus?

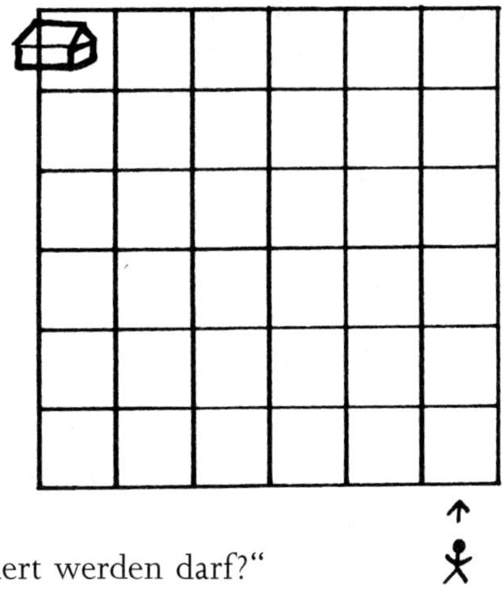

Geschafft? Wenn ja, atmen Sie einige Male tief ein und aus, bevor Sie sich an die Memory-Aufgabe wagen. Wenn es mit der Erinnerung noch nicht so gut klappt, wiederholen Sie die Entspannungsübung und die Brain-Moving-Übung, um Denkblockaden zu lösen und sich zu entspannen. Sie erhalten damit einen gewissen Abstand zur Denkaufgabe (die Lösung finden Sie übrigens auf Seite 236) und können sich jetzt gut auf die Memory-Übung einstellen.

Memory

Wiederholen Sie die Filmtitel von gestern:

____

____

____

____

Sie sind spitze, wenn Sie sich auch an die genaue Reihenfolge erinnern.

Ernährungstipp: Sesam öffne dich!

Sesam macht fit. Sesamsamen enthalten Lecithin für erfolgreiches Denken, Kieselsäure und Selen.

Sesam-Fitness-Snack

200 Gramm flüssiger Honig
2 EL Butter
½ TL Zimt
½ TL Vanille

Diese Zutaten in einer Pfanne cremig kochen. 150 Gramm ungeschälten Sesam zufügen und bei mittlerer Hitze rötlich braun karamellisieren lassen. Pergamentpapier mit Butter bestreichen, die Sesammasse darauf gleichmäßig verteilen, abkühlen lassen und in Stücke brechen.
(aus: Vital 9/96)

Setzen Sie sich auf einen Stuhl und atmen Sie 3-mal tief ein und aus. Dann legen Sie Ihren rechten Fuß auf Ihr linkes Bein und richten sich ganz gerade auf. Fassen Sie mit der rechten Hand Ihre rechte Ferse und mit der linken Hand die Zehen des rechten Fußes. Schließen Sie die Augen und versuchen Sie, in dieser Stellung die Gerüche der heutigen Gedächtnisübung wahrzunehmen.

Brain-Time 4

Diesmal beginnen Sie mit einer kombinierten Entspannungs- und Konzentrationsübung, bevor Sie sich mit der Salami-Taktik ein perfektes ABC-Gedächtnis schaffen und sich unter anderem als Detektiv betätigen.

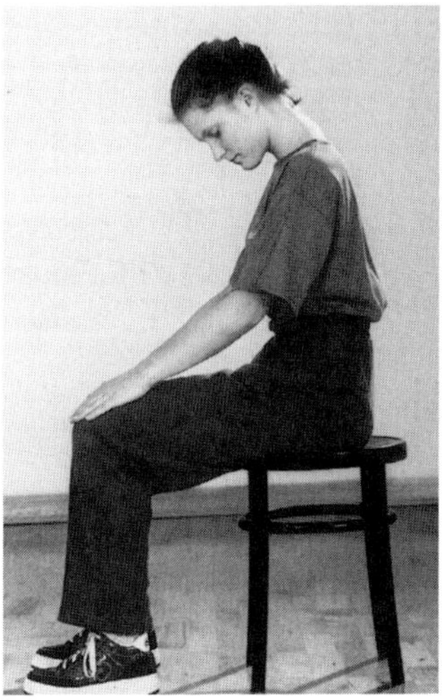

1) Entspannung

Setzen Sie sich auf einen Stuhl und lassen Sie sich ganz locker nach vorn fallen. Die Arme liegen auf Ihren Knien und die Augen sind geschlossen. Atmen Sie ruhig und gleichmäßig, während vor Ihrem geistigen Auge ein Nachthimmel erscheint.

2) Konzentration

Nachthimmel

Sie sehen vor Ihrem inneren Auge eine große dunkle Fläche, einen Nachthimmel ohne Mond und Sterne. Nichts darf sich bewegen; die Fläche ist vollkommen schwarz. Halten Sie diesen dunklen Himmel so lange wie möglich. Dann öffnen Sie die Augen, lehnen sich zurück, strecken Arme und Beine und atmen 3-mal ganz tief ein und aus.

3) Merkfähigkeit

ABC-Merkwortliste

Konzentrieren Sie sich nun auf die Gedächtnisübung von A bis Z. Merken Sie sich dazu die folgenden Begriffe von A bis Z in der entsprechenden Reihenfolge:

Akte – Büro – Chip – Drucker – Etage – Fax – Geld – Hotel –
Insel – Joghurt – Kartei – Locher – Mann – Notiz –
Ordner – Papier – Quelle – Regen – Schreibtisch – Telefon –
Ufo – Vase – Welle – Xylophon – Yacht – Zelt

Decken Sie die obige Liste ab, zählen Sie ganz schnell alle Zahlen von zwei bis zwanzig auf, die eine Rundung aufweisen, und wiederholen Sie die Begriffe mündlich oder schriftlich.

Mit dieser Wortliste haben Sie Merkwörter der ABC-Gedächtnistechnik kennengelernt. Wenn Sie die Wörter in Form von Bildern so gut gespeichert haben, dass sie jederzeit abrufbar sind, können Sie neue Informationen daran „aufhängen" und somit optimal behalten. Dazu ein Beispiel: Stellen Sie sich vor, Sie arbeiten eine Rede aus und bringen Ihre Stichwörter (zum Beispiel Salami-Taktik, Pechvogel, Terminplanung und Rollenkonflikt) mit dem ABC-System in eine bildhafte Verbindung.

- **A – Akte und Salami-Taktik:** Angenommen, Sie schlagen einen Aktenordner auf und auf jeder Seite klebt eine Salamischeibe. Riechen Sie die Salami? Ein verrücktes Bild, sagen Sie vielleicht, aber einprägsam. Ich wette, dass Sie auch in einigen Wochen noch spontan „Salami" sagen oder denken, wenn Sie das Wort „Akte" hören oder einen Ordner in die Hand nehmen, vorausgesetzt, Sie setzen jetzt beim Speichern alle Sinne ein.
- **B – Büro und Pechvogel:** Ein großer schwarzer Vogel sitzt mit Pech übergossen in Ihrem Büro.
- **C – Chip und Terminplanung:** Gerade haben Sie die Terminplanung fertiggestellt, als der kleine Sohn des Chefs eine Tüte Kartoffelchips auf dem wichtigen Papier ausleert und genüsslich mit den Fingern verteilt. Überall Flecken. Sie dürfen die Terminplanung noch einmal schreiben.
- **D – Drucker und Rollenkonflikt:** Eine Frau und ein Mann wollen gleichzeitig den Drucker in ihr Büro transportieren. Sie versuchen, ihn sich gegenseitig wegzunehmen, und ziehen und zerren ihn hin und her.

Um Bilder zu speichern, brauchen Sie die rechte Gehirnhälfte, für die folgende Wortübung setzen Sie jedoch überwiegend die linke Hälfte des Kopfes ein.

4) Wort- und Wissensfindung

a) Zunächst werden in 1 Minute möglichst viele Wörter gesucht, in denen ein „Kopf“ steckt. Zeit läuft!

Beispiel: Kopfnuss, Hohlkopf …

b) Finden Sie in der folgenden Minute mindestens sieben Wörter, in denen die Buchstaben k, o, p und f in beliebiger Anordnung vorkommen. Lösungsideen für die Übungen 4a und 4b finden Sie auf Seite 236.

Beispiel: Pferdekoppel

c) Strengen Sie Ihre linke Gehirnhälfte noch mehr an und versuchen Sie zu klären, was die folgenden Fremdwörter bedeuten.

1) Leporello –
2) Makadam –
3) Axiom –

4) Kaaba – ________________________________

5) Nabob – ________________________________

6) Adlatus – ________________________________

7) Kaolin – ________________________________

8) Impact – ________________________________

9) Olifant – ________________________________

10) Pincenez – ________________________________

Wenn Ihnen einige Begriffe noch unbekannt sind, schlagen Sie bei den Lösungen nach (Seite 236) und merken sich die Erklärungen. Später können Sie testen, was Sie behalten haben. Nun ist erst einmal eine Pause notwendig.

5) Brain-Moving

Sterne vom Himmel holen

Nachdem zu Beginn von Brain-Time 4 der Himmel ohne Licht war, funkeln dort jetzt lauter Sterne, und wenn Sie sich anstrengen und auf Zehenspitzen die Arme weit nach oben strecken, können Sie in Ihrer Fantasie die Sterne vom Himmel holen. Atmen Sie dabei gleichmäßig und zählen Sie von eins bis sieben. Lassen Sie dann die Arme fallen und schütteln Sie sie aus. Wiederholen Sie die Übung 5-mal.

6) Fantasie und Kreativität

Lustige Vergleiche

Jetzt können Sie prüfen, wie fantasievoll Sie sind. Seien Sie kreativ und erfinden Sie möglichst lustige Vergleiche! Tiernamen sind nicht erlaubt!

Er geht so leise wie ______________________

Sie ist so kurzsichtig wie ______________________

Er arbeitet so langsam wie ______________________

Sie ist so clever wie ______________________

Er redet so schnell wie ______________________

Er telefoniert wie ______________________

Sie kleidet sich wie ______________________

Sie verkauft ihre Ideen wie ______________________

Er putzt sein Auto wie ______________________

Sie ist so lustig wie ______________________

Die Sache ist so geheim wie ______________________

Denk mal

Geheimer Zeitpunkt

In der folgenden Nachricht ist die Zeit eines Treffens verschlüsselt, da niemand davon wissen darf. Können Sie herausfinden, wann sich die beiden treffen? Ein Tipp: Gesucht wird der Wochentag.

Liebe Freundin, ich bin mit meiner Antwort so langsam wie eine Schnecke. Ich hoffe, du verzeihst mir, und zwar nicht so wie Otto, der mir wie ein Neunmalkluger geschrieben hat und mich wie eine Nichtstuerin behandelt. Er hat sich wie ein Tiger auf meinen Brief gestürzt und ihn zerrissen wie ein Analphabet. Du, meine liebe Freundin, bist dagegen zu mir wie meine liebe Großmama. Nicht vergessen! Unser Treffpunkt ist Café Weiland. Deine Isabella

Atmen Sie 3-mal tief ein und aus, klopfen Sie sich mehrmals auf die Schulter, und zwar mit der linken Hand auf die rechte Schulter und umgekehrt. Den „geheimen Zeitpunkt" können Sie gegebenenfalls auf Seite 237 nachschlagen.

Memory

Erinnern Sie sich noch an die Gerüche in Brain-Time 3? Bitte listen Sie sie schnell noch mal auf:

____

____

____

____

Wiederholen Sie auch die ABC-Merkwortliste von heute:

____

____

____

____

Ernährungstipp: Schokolade für gute Laune

Schokohimbrom

Mixen Sie
200 Gramm Himbeeren
200 Gramm Brombeeren
2 Gläser Milch
1 Becher Sahne
3 EL geriebene Schokolade
3 EL geriebene Mandeln

Schokolade enthält Stoffe, die anregen, den Blutdruck und die Herzfrequenz leicht erhöhen, den Blutzuckerspiegel steigern und Sinneseindrücke verstärken. Außerdem führt Schokolade zur Freisetzung von Serotonin und Endorphinen und enthält Lecithin zur Regeneration der Nervenzellen. Übrigens: Wenn Sie zu Ihrer Tasse Kaffee ein Stück Schokolade essen, ist die Wirkung besonders intensiv.

||| BRAIN-INFO

Wir denken nur mit halber Kraft. Wir leiden unter einer Linkslastigkeit. Folgen: Mangel an Intuition, Kreativität, verstärkte Lethargie und Aggressivität. Man muss dringend die rechte Gehirnhälfte öffnen!
(C. Bick, Hypnosewissenschaftler)

Brain-Time 5

Damit Sie Ihr Gedächtnis nicht im Stich lässt, Tipps und Übungen für ein besseres Namengedächtnis.

1) Entspannung

Öffnen Sie das Fenster, atmen Sie 3-mal tief ein und aus. Setzen Sie sich, legen Sie beide Hände auf den Tisch oder Schreibtisch und versuchen Sie, ihn mit der Handfläche ganz fest nach unten zu

drücken, während Sie langsam von fünf bis eins rückwärts zählen. Lassen Sie los und genießen Sie das entspannte Gefühl. Isometrische Übungen führen durch den Wechsel von Anspannung und Entspannung zum Loslassen, verhindern Denkblockaden und ermöglichen Fantasie und Kreativität bei der Lösung von Problemen.

2) Konzentration

Luftschrift

Schreiben Sie mit beiden Händen gleichzeitig fünf Namen von Bekannten, Kunden oder Kollegen in die Luft – mit der linken Hand in Spiegelschrift. Denken Sie intensiv an die entsprechenden Personen und stellen Sie sich vor, Sie würden die Namen mit Kreide an eine imaginäre Tafel schreiben. Mit dieser Übung erhöhen Sie nicht nur Ihre Konzentrationsfähigkeit, sondern trainieren Ihre Vorstellungskraft und setzen sich mit dem Namen auseinander. Das Gehirn hat so genügend Zeit zur Speicherung. Wenn Sie in Zukunft einen neuen Namen hören, schreiben Sie ihn in Gedanken. Damit Sie Zeit gewinnen, fragen Sie nach der Schreibweise und/oder nach der Bedeutung des Namens. Die meisten Menschen freuen sich, wenn man sich für sie und ihren Namen interessiert.

3) Merkfähigkeit

Jetzt können Sie Ihr Namensgedächtnis testen. Merken Sie sich die folgenden Namen, indem Sie sich die Personen jeweils mit einem Gegenstand vorstellen, der mit den ersten zwei oder drei Buchstaben des Namens beginnt. Speichern Sie nicht nur die Wörter, sondern beziehen Sie die rechte Gehirnhälfte mit ein – malen Sie Gedankenbilder.

- *Herr Schlieper trägt einen auffallend großen und bunten Schlips.*
- *Herr Weiland trinkt Wein vom Land.*
- *Frau Ampermann steht an einer Ampel und umarmt ihren Mann.*
- *Herr Lauterbach sitzt an einem Bach und spielt Laute.*
- *Herr Vokerts lernt Vokabeln im Kerzenlicht.*
- *Herr Banekan isst am liebsten Bananen.*
- *Frau Zitlau spielt Zither, und zwar sehr laut.*
- *Frau Schokker schwärmt für Schokolade.*
- *Herr Kirgel steht vor der Kirche und wirft Geld in den Klingelbeutel.*
- *Herr Bretker trägt ein großes, dickes Brett.*
- *Herr Pinsky bemalt mit einem Pinsel einen Ski.*
- *Frau Goberg steht auf einem Berg aus Gold.*

Je mehr Sie sich mit einem Namen beschäftigen, desto fester speichern Sie ihn und können ihn jederzeit abrufen.

||| BRAIN-TIPP

Mit Bildern geht alles leichter

Visualisieren Sie Namen, die Sie sich merken wollen. Welche Gedankenverbindungen lassen sich herstellen? Welches Bild fällt Ihnen ganz spontan ein, wenn Sie den Namen hören?

4) Wort- und Wissensfindung

a) Wörterversteck

Prüfen Sie in dieser Übung möglichst schnell, welche Wörter in den folgenden Namen stecken:

Beispiel: Tangelbach – Tang, Angel, Gel, Gelb, Elba, Bach

Oevarmohr – ______________________________

Krumpelbecke – ______________________________

Haugenterg – ______________________________

Lerosetter – ______________________________

Schwarzenter – ______________________________

| | | BRAIN-TIPP

Hören Sie nicht nur, hören Sie hin!

- Stellen Sie sich den Namen geschrieben vor und erfragen Sie die genaue Schreibweise. Das bringt kostbare Zeit für die Speicherung.
- Sprechen Sie den Namensbesitzer so oft wie möglich mit seinem Namen an.
- Begegnen Sie jemandem, dessen Namen Ihnen im Moment partout nicht einfallen will, nennen Sie bei der Begrüßung Ihren eigenen Namen. Das veranlasst den anderen in 90 Prozent der Fälle, seinen Namen zu nennen.

Schreiben Sie weitere fünf Namen mit mehr als sechs Buchstaben aus Ihrem Bekanntenkreis auf und suchen Sie versteckte Wörter. Wenn Sie die Namen dabei nicht aufschreiben, stärken Sie zusätzlich Ihre Vorstellungskraft und damit die rechte Gehirnhälfte.

b) Wer war's denn gleich?

1) Wer brachte die Kartoffel nach Europa? ____________________

2) Wer war der vierte Kanzler der Bundesrepublik Deutschland?

____

3) Wer schrieb „Die Falschmünzer"? ____________________

4) Welcher Dichter ernannte Maulwürfe zu Botschaftern?

____

5) Welche deutsche Nonne schrieb Dramen? ____________________

6) Wer erfand die Luftpumpe? ____________________

7) Wer erfand den Blitzableiter? ____________________

Lösungshinweise für die Übungen 4a und 4b finden Sie auf Seite 237.

5) Brain-Moving

Crossing over

Die Zusammenarbeit der beiden Gehirnhälften soll mit Überkreuzbewegungen gefördert werden. Heben Sie abwechselnd das linke und das rechte Bein, während Ihre Ellbogen jeweils das gegenüberliegende Knie berühren (3 Minuten).

Mit flotter Musik geht es noch mal so gut! Diese Bewegungen verstärken die Verbindung zwischen linker und rechter Gehirnhälfte, den sogenannten Balken (Corpus callosum), und bringen die grauen Zellen in Schwung.

6) Fantasie und Kreativität

Kreative Namen

Ihre Kreativität können Sie anregen, indem Sie Sätze oder Geschichten mit bestimmten Buchstaben erfinden. Versuchen Sie es einmal mit Namen. Bilden Sie aus den folgenden Namen jeweils einen Satz, in dem jedes Wort mit einem Buchstaben des Namens beginnt.

Beispiel: Eva Schone: Eine vielseitige, außerordentlich schöne Chefin hat obercoole natürliche Energie.

Rita Lange: ______________________________

____

Anke Jost: ______________________________

____

Klaus Besel: ______________________________

____

Uwe Hein: ____

____

Vera Schoo: ____

____

Jochen Heller: ____

____

Probieren Sie diese Satzbildung doch auch mal mit bekannten Namen.

Denk mal

Schaffen Sie es, in 1 Minute sechs Streichhölzer so anzuordnen, dass vier gleichseitige Dreiecke entstehen? Schauen Sie nicht gleich im Lösungsteil nach, wenn Sie im Moment keine Idee haben, um die vier Dreiecke zu legen. Laufen Sie 2 Minuten auf der Stelle und sagen Sie dabei das Alphabet rückwärts auf.

Ernährungstipp: Lecithin zur Verbesserung der Gedächtnisfunktion

Lecithin-Drink Johlec

Mixen Sie
½ Glas Johannisbeersaft
Saft einer halben Zitrone
1 EL Lecithin-Granulat
1 EL geriebene Schokolade

Lecithin ist unentbehrlich zur Regeneration der Nervenzellen und spielt eine wichtige Rolle beim Fett- und Cholesterin-Stoffwechsel des Körpers. Lecithin ist reich an Cholin, einer Aminosäure, die Bestandteil des Neurotransmitters Acetylcholin und am Aufbau der Zellmembranen beteiligt ist. Lecithin finden Sie in Soja, Weizenkeimen, Nüssen, Hülsenfrüchten, Getreide oder als Emulgator zum Beispiel in Schokolade.

BRAIN-INFO

Wissenschaftler haben herausgefunden, dass bei mangelnder geistiger Aktivität und Entspannung nicht nur die Leistungsfähigkeit sinkt, sondern die Menschen auch häufiger krank, unzufrieden und aggressiv oder depressiv sind.

Memory

Wie gut erinnern Sie sich an die ABC-Merkwortliste der vierten Brain-Time? Je bildhafter Ihre Vorstellung war, desto erfolgreicher sind Sie jetzt.

Atmen Sie 3-mal tief ein und aus, setzen sich ganz gerade hin und falten Sie Ihre Hände hinter dem Kopf. Drehen Sie den Kopf 3-mal nach links und 3-mal nach rechts, bevor Sie die Namen und Bilder von heute wiederholen.

Gehen Sie das Streichholzproblem noch einmal an, wenn es noch nicht gelöst ist. Falls Sie partout keine Lösung finden, schlagen Sie sie auf Seite 237 nach.

BRAIN-NEWS

Einige Brain- und Mind-Methoden

Fit im Kopf?

Mind-Fitness ist die Fähigkeit, die Potentiale beider Gehirnhälften zu nutzen und Selbstmotivation wie auch psychisch-emotionale Energie zu beachten. *Mind-Fitness beinhaltet die Fähigkeit zur Bewusstseinsbildung und zur Nutzung und Programmierung bewusster und unbewusster Vorgänge und Energie, um so die zentralen Mind-Fähigkeiten wie Denk- und Glaubensmuster, Kreativität, Motivation und Verhaltensweisen zu entwickeln, zu programmieren und zu verändern!* (F. Decker: „Die neuen Methoden des Lernens und der Veränderung“, siehe Literatur, Seite 252)

Mindset-Methoden

Dazu zählen: Entspannung, Meditation, Autosuggestion, Biofeedback, Atemtraining, Muskeltraining, Kreativitätstraining, Verhaltenstherapie, Psychotherapie.

NLP: Neurolinguistisches Programmieren

Diese Methode wurde in den Siebzigerjahren in den USA entwickelt und bildet dem Ursprung nach einen Extrakt aus verschiedenen Therapiemethoden, die die Veränderung belastender oder hemmender Verhaltensweisen zum Ziele haben. NLP ist ein wichtiges Instrument in der Weiterbildung, ist leicht erlernbar und befähigt wie kaum eine andere Lernstrategie zur eigenständigen Problemlösung. NLP baut Denkblockaden ab und verschärft die Aufmerksamkeit für das soziale Umfeld.

Wann immer psychologische Methoden bei einem Menschen eine Veränderung in Denken, Befindlichkeit und Gesundheit bewirken, hat die Methode zuvor das Gehirn des Betroffenen zum Verbündeten gewonnen. (C. Besser-Siegmund, NLP-Trainerin)

Die Kommunikation, also die Sprachberührung zweier Menschen, bewirkt die Veränderung im Denken und in der Befindlichkeit. Dies geschieht nicht nur zwischen zwei oder mehr Menschen, sondern auch in der Kommunikation mit sich selbst: bei der Eigenmotivation, der Entwicklung und Umsetzung individueller Lebensziele, bei der Selbstorganisation!

(C. Besser-Siegmund, NLP-Trainerin)

Brain-Mapping

Eine Weiterentwicklung des EEGs (Elektroenzephalogramm), das die Hirnströme der oberflächlichen Regionen des Gehirns misst, ist die BEAM-Methode („brain electrical activity mapping"), auch Brain-Mapping-EEG genannt. Darunter ist eine Kartierung der elektrischen Gehirntätigkeit zu verstehen.

Mind-Machines

Eine Mind-Machine ist ein Gerät zur Fotostimulation, das der Wissenschaftler Grey Walter bereits in den Sechzigerjahren bekannt gemacht hat. Audiovisuelle Mind-Machines erzeugen Licht- und Tonimpulse mit bestimmten Frequenzmustern, die neue Vorstellungen und Gedanken bewirken und in einen Entspannungszustand versetzen.

Submodal und subliminal

Bei der Submodalitätenmethode wird versucht, Vorstellungen und Gefühle, Bilder, Farben und Töne so zu verändern, dass Ängste und Blockaden abgebaut werden können.

Bei der Subliminalmethode (subliminal = unterschwellig) wird versucht, das Unterbewusstsein zu erreichen und zu beeinflussen, und zwar ohne dass das Bewusstsein beteiligt ist. Entspannungsmusik wird zum Beispiel nicht hörbar mit positiven Suggestionen unterlegt. Auch in der Werbung wird diese Methode angewandt, sie ist jedoch in der Wirksamkeit umstritten.

Brain-Time 6

Heute will ich Sie mit dem Taschentrick bekannt machen, nicht um Sie zum besseren Diebstahl anzuleiten, sondern zum besseren Erinnern. Ein paar Kettenübungen tun das Ihrige, um Sie richtig zu fesseln.

1) Entspannung

Öffnen Sie das Fenster und atmen Sie einige Male tief ein und aus. Setzen Sie sich mit geradem Rücken auf einen Stuhl und halten Sie sich von außen an der Sitzfläche fest, während Sie den rechten Fuß vorn auf dem Boden stehen lassen und den linken Fuß ums Stuhlbein legen. Versuchen Sie, mit dem linken Fuß das Stuhlbein mit aller Kraft vorzudrücken. Lassen Sie nach einigen Sekunden los und genießen Sie das entspannte Gefühl. Wechseln Sie dann die Beinstellung und versuchen Sie dasselbe mit dem rechten Fuß. Diese Übung löst durch den Wechsel von Anspannung und Entspannung Denkblockaden auf und schaltet die rechte Gehirnhälfte ein.

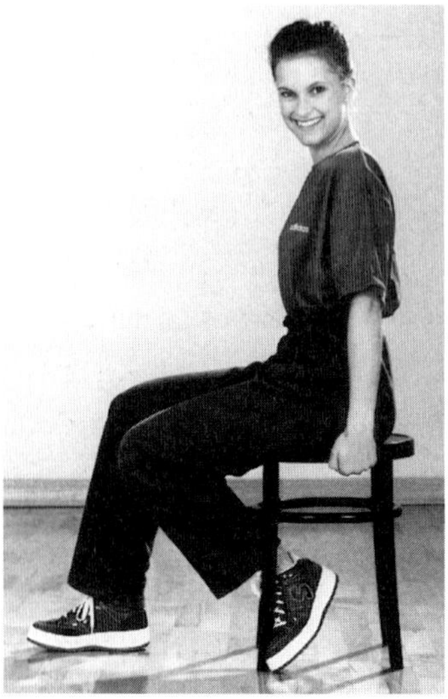

2) Konzentration

Streichen Sie in dem folgenden Text möglichst schnell alle Wörter durch, die keine Gegenstände und Eigenschaften bezeichnen. Versuchen Sie gleichzeitig, den Inhalt zu erfassen.

Taschentrick

Wenn Sie bei einer Diskussion, in einer Konferenz oder bei einer Rede keinen Stichwortzettel benutzen möchten, probieren Sie es mit dem Taschentrick. Legen Sie sich zu Hause ein paar kleine Gegenstände zurecht, zum Beispiel ein Pfennigstück, einen Radiergummi, ein Streichholz, eine Büroklammer. Nehmen Sie das Pfennigstück in Ihre Hand, fühlen Sie es und stellen Sie sich das erste Stichwort in Verbindung mit dem Pfennig vor. Nun greifen Sie nach dem Radiergummi und denken an Ihr zweites Stichwort, nehmen das Streichholz, dann die Büroklammer und denken an Ihr drittes beziehungsweise Ihr viertes Stichwort. Bei der Konferenz oder bei einem Referat greifen Sie in Ihre Jacken- oder Rocktasche und fühlen die einzelnen Teile. Automatisch kommt die Erinnerung an den gesuchten Begriff und Sie können ohne Unterbrechung und ohne Zettel Ihre Argumente und Informationen vortragen. Je deutlicher Ihre bildhafte Vorstellung und Ihr Tastempfinden sind, desto größer ist der Erfolg.

Die bildhafte Vorstellung, die im Konzentrationstext eine wichtige Rolle spielt, wird Ihnen auch bei der folgenden Gedächtnisübung eine wertvolle Hilfe sein.

3) Merkfähigkeit

Prägen Sie sich den Wohnungsgrundriss mit dem Inventar in 2 Minuten so intensiv ein, dass Sie ihn morgen noch wiedergeben können.

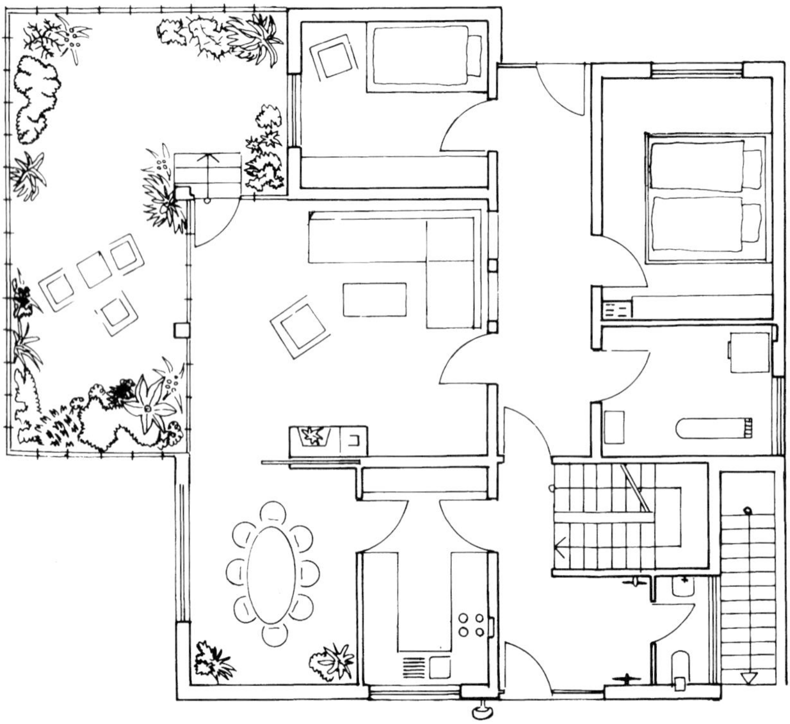

Öffnen Sie das Fenster und atmen Sie 3-mal tief ein und aus, bevor Sie mit der vierten Übung beginnen.

4) Wort- und Wissensfindung

a) Ketten

Gesucht werden Wortketten. Anfangs- und Endstück sind bereits vorgegeben. Finden Sie möglichst schnell die passenden Kettenglieder. Je kürzer die Kette, desto besser.

Beispiel:
Büro … futter = Büroklammer – Klammerbeutel – Beuteltier – Tierfutter

Chef … zug = ____________________

____

Telefon … bedingung = ____________________

____

Test … Spiegel = ____________________

____

Termin … rose = ____________________

____

Text … kaffee = ____________________

____

Computer … boot = ____________________

____

||| BRAIN-TIPP

Mit Musik geht alles besser
Lieblingsmusik fördert Kreativität und Leistungsfähigkeit. Eine Studie der Universität Illinois bestätigt es: Ihre Leistung wird beim Hören Ihrer Lieblingsmusik um mindestens 10 Prozent gesteigert.

b) Kurvenkratzer

Und nun wird um die Ecke gedacht: Was steckt dahinter, wenn Sie die Erklärungen wörtlich nehmen?

Lebensbeschreibung eines Pkw – ____________________

Arbeitszeit für gelehrte Leute – ____________________

Musterstück von einem Metallstift – ____________________

Prüfen eines Gewebes – ____________________

Chef einer Wirkwarenfabrik – ____________________

Eiliger Käuferkreis – ____________________

Textilschuldschein – ____________________

Gotteshaus für Lehrlinge – ____________________

Erörterung eines Speiseplans – ____________________

Lösungshinweise zu den Übungen 4a und 4b finden Sie auf Seite 238.

5) Brain-Moving

Dirigieren Sie 4 Minuten lang Ihre Lieblingsmusik. Ausgangsstellung: Heben Sie beide Arme auf Schulterhöhe nach vorn. Die eine Hand ist in kleinem Abstand oberhalb der anderen. Zeichnen Sie nun mit jeder Hand jeweils eine querliegende Acht, indem Sie gleichzeitig die linke Hand vom Mittelpunkt der Acht nach links oben führen und die rechte Hand vom Mittelpunkt der Acht nach rechts oben; dann beide Hände über einen großen Außenbogen nach unten und zur Mitte zurück; anschließend malen Sie mit überkreuzten Armen den anderen Rundbogen der beiden Achten nach. Wechseln Sie nach 2 Minuten die Richtung.

6) Fantasie und Kreativität

Schnellsprecher

Sie kennen ihn sicher noch aus der Schulzeit, den Satz „Fischers Fritz fischt frische Fische, frische Fische fischt Fischers Fritz“. Werden Sie heute mal wieder Schnellsprechsatzerfinder. Kreieren Sie zum Beispiel einen Satz, bei dem die Wörter abwechselnd mit „Kl“ und „Pr“ beginnen.

Beispiel: Kleine Prioritäten klingen praktizierbar.

____

____

____

____

____

____

Versuchen Sie es weiter mit „Sp“ und „Schl“ – „Zw“ und „Z“ – „Schw“, „St“ und „Sp“.

____

____

____

____

____

____

Vielleicht fallen Ihnen dabei neue Werbespots für das Fernsehen ein.

Nun eine „Denk mal“-Aufgabe, bei der die linke Gehirnhälfte ebenfalls zum Zug kommt.

Denk mal

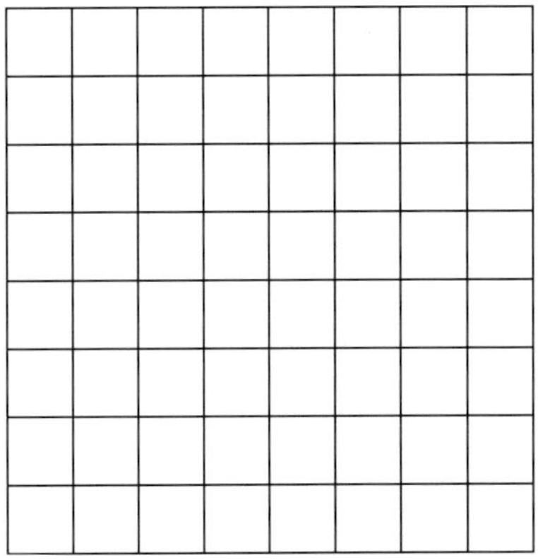

Zeichnen Sie acht Punkte in das Spielbrett, und zwar so, dass keine zwei Punkte auf derselben waagerechten, senkrechten oder diagonalen Linie liegen. Sie haben 30 Sekunden Zeit (Lösung Seite 238).

Memory

Schließen Sie die Augen und sehen Sie den Wohnungsgrundriss vor Ihrem geistigen Auge. Welche Einzelheiten können Sie visualisieren?
Atmen Sie jetzt tief ein und aus und versuchen Sie, sich an die Namen der Gedächtnisübung der fünften Brain-Time zu erinnern. Schreiben Sie die Namen mit den entsprechenden Bildern auf.
Wenn Sie zehn von zwölf Namen noch wissen, sind Sie super. Geben Sie nicht auf, wenn nur wenige Namen haften geblieben sind. Trainieren Sie regelmäßig Ihre Vorstellungskraft.

Ernährungstipp: Fit durch rote Trauben

Muntermacher-Rezept
200 Gramm rote Trauben
2 Kiwis
1 Orange
1 EL geriebene Nüsse
1 EL Honig
1 EL Sojapulver
1 EL Weizenkeime

Rote Weintrauben gelten als Muntermacher.
Sie enthalten Procyanidin, das die grauen Zellen anregt.

||| BRAIN-INFO

Durch 3-D-Sehen beim Betrachten von magischen Bildern wird Serotonin freigesetzt, das zur Entspannung und zum Wohlfühlen beiträgt. Es werden mehr Glückshormone freigesetzt und das Sehvermögen verbessert sich, das heißt, man lernt, hinter die Dinge zu schauen. Außerdem kommt es zur Synchronisation beider Gehirnhälften.

Brain-Time 7

Was hat die Zitrone mit dem Gehirn zu tun? Das Vitamin C der Zitrone ist wichtig für eine optimale Gehirntätigkeit; Sie können sich jedoch auch mit einer Zitrone entspannen.

1) Entspannung

Stellen Sie sich vor, Sie halten in jeder Hand eine halbe Zitrone und drücken sie ganz fest, während Sie langsam von eins bis fünf zählen. Vergessen Sie das gleichmäßige Atmen dabei nicht. Lassen Sie los und genießen Sie das entspannte Gefühl. Wiederholen Sie die Übung jetzt 3-mal und immer wieder zwischendurch, wenn Sie sich gestresst fühlen oder Sie Ihre Konzentrationsfähigkeit steigern wollen.

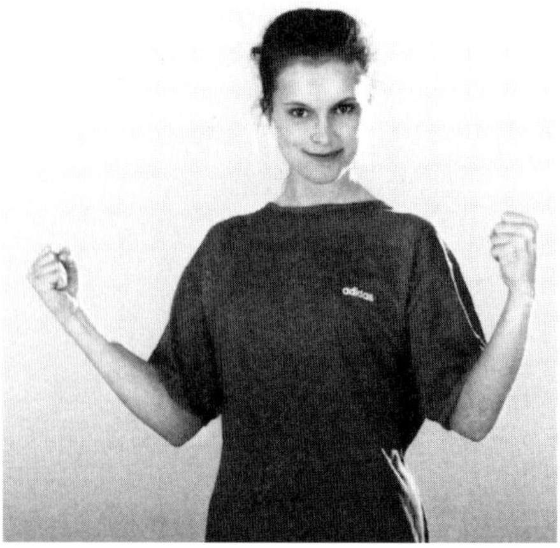

BRAIN-TIPP

Bessere Wahrnehmung

- Trainieren Sie, so oft Sie können, die bewusste Wahrnehmung. Merken Sie sich zum Beispiel auf einem Spaziergang die Kleidung der Menschen.
- Registrieren Sie eine Zeit lang in Ihrer jeweiligen Umgebung alles, was rund oder viereckig ist.

2) Konzentration

Die Zitronenhilfe

Kaufen Sie fünf Zitronen, nummerieren Sie sie von eins bis fünf und ertasten Sie sie nacheinander mit geschlossenen Augen. Später versuchen Sie, ebenfalls ohne die Zitronen zu sehen, nur durch Fühlen zum Beispiel Nummer 1 oder Nummer 5 herauszufinden. Wenn diese Übung zunächst schwierig für Sie ist, aktivieren Sie alle Ihre Sinne so oft wie möglich. Schließen Sie die Augen und fühlen Sie zum Beispiel ganz bewusst das Material Ihrer Kleidung, Ihrer Tasche oder der Gegenstände auf Ihrem Schreibtisch. Gleichzeitig „sehen" Sie die gefühlten Gegenstände vor Ihrem geistigen Auge.

3) Merkfähigkeit

Malen Sie Gedankenbilder!

Verknüpfen Sie in Ihrer Fantasie jeweils zwei Begriffe so deutlich miteinander, dass Ihnen später sofort der zweite Begriff einfällt, wenn der erste genannt wird.

1) *Baum und Bausparvertrag*
2) *Zwillinge und Zeugnis*
3) *Dreirad und Delegation*
4) *Fenster und Feedback*
5) *Hand und Hotelmanager*
6) *Würfel und Wirtschaftsprüfung*
7) *Zwerge und Zylinderkopf*
8) *Achterbahn und Arbeitsplatz*
9) *Kegel und Konferenz*
10) *Zehen und Zeichnung*
11) *Fußball und Faxgerät*
12) *Esstisch und Erfolgsautor*
13) *Schornsteinfeger und Sekretariat*
14) *Palmenstrand und Personalrat*
15) *Mofa und Mentaltraining*
16) *Hochzeit und Handy*
17) *Kartenspiel und Kosmetikabteilung*
18) *Auto und Aufzug*
19) *Fernsehen und Fitnesstraining*
20) *Zwanzigeuroschein und Zielgerade*

Die Begriffe der ersten Spalte symbolisieren die Zahlen von eins bis zwanzig und stellen eine Merkwortliste dar, mit deren Hilfe zum Beispiel Stichpunkte für eine Rede oder ein Referat, Argumente für eine Diskussion oder Posten einer Besorgung gespeichert werden können.
1 = Baum / 2 = Zwillinge / 3 = Dreirad / 4 = Fenster (mit vier Scheiben) / 5 = Hand (fünf Finger) / 6 = Würfel (sechs Seiten) / 7 = sieben Zwerge / 8 = Achterbahn / 9 = Kegel (alle Neune) /

10 = Zehen / 11 = Fußball (elf Spieler) / 12 = Esstisch (Mittagszeit) / 13 = Schornsteinfeger (Glück) / 14 = Urlaub (Palmenstrand am Meer) / 15 = Mofa (Führerschein) / 16 = Hochzeit / 17 = Kartenspiel (17 und 4) / 18 = Auto (Führerschein) / 19 = Fernsehen („heute"-Sendung) / 20 = Zwanzigeuroschein

Atmen Sie 3-mal tief ein und aus, bevor Sie zur Wort- und Wissensfindung kommen.

||| BRAIN-TIPP

Lernen über die Sinne

Konzentrieren Sie sich bei Ihrem nächsten Wald- und Wiesenspaziergang ganz bewusst auf Geräusche, Gerüche und Farben. Erfühlen Sie unterschiedliche Blätter und Halme, die Rinden der Bäume, Moose, kleine Zweige und Steine.

4) Wort- und Wissensfindung

a) Berühmte Frauen

Sie haben nur 2 Minuten Zeit, um die zehn berühmten Frauennamen zu finden, die sich ergeben, wenn Sie die Buchstaben der Namen vertauschen.

Ute Rinnart – ______________________

Lena Ommyrorni – ______________________

Risod Gelsnis – ______________________

Anna Fejod – ______________________

Rita Sartuam – ______________________

Ria Criueme – ______________________

Thea Kletzowilk – ______________________

Ula Mexgrubsor – ______________________

Gerta Broag – ______________________

Resi Biffet – ______________________

b) Was bedeuten diese Fremdwörter?

Achromatismus = ______________________

Augurenlächeln = ______________________

Bathygraphie = ______________________

Gavotte = ______________________

Clavicula = ______________________

Expropriateur = ______________________

Fungizid = ______________________

(Lösungen zu den Übungen 4a und 4b auf Seite 238)

5) Brain-Moving

Die Zitronen-Rolle

Legen Sie sich auf den Boden und halten Sie zwischen Ihren Füßen eine Zitrone. Jetzt heben Sie ganz langsam die Beine und legen die Zitrone hinter Ihren Kopf. Transportieren Sie die Zitrone einige

Male hin und her, während Sie gleichmäßig atmen. Diese Übung verbessert, wie der „Pflug", die „Kerze" und die „Rumpfbeuge", die Hirndurchblutung und damit die geistige Leistungsfähigkeit.

6) Fantasie und Kreativität

Autokennzeichen

Sind Sie erfinderisch? Was könnten die folgenden Autokennzeichen bedeuten, wenn man sie als Abkürzungen betrachtet? Je fantasievoller Ihre Lösungen sind, desto besser.

Beispiel:
NOH (Nordhorn) = Nichtraucher ohne Husten
BOR (Borken) – Bitte ohne Rechnung

WUN = ____________________

SHG = ____________________

DEL = ____________________

NEW = ____________________

VIE = ____________________

OAL = ____________________

REG = ____________________

KIB = ____________________

TUT = ____________________

BIT = ____________________

MSP = ____________________

KUS = ____________________

Wissen Sie, in welchen Orten beziehungsweise Regionen diese Autokennzeichen gelten? (Lösung Seite 239)

Atmen Sie 3-mal tief ein und aus, bevor Sie das folgende Finanzproblem lösen.

Denk mal

Wer kennt nicht die schwierige Finanzlage während des Studiums? Unser Anglistikstudent sandte seinem Vater in dieser Situation ein kurzes Fax in Englisch: „Send more money!" Der Vater, der zwar nicht Anglistik, aber Mathematik studiert hatte, faxte:

Mein lieber William, du weißt, ich liebe Herausforderungen. Wenn du die Buchstaben der drei englischen Wörter durch Ziffern von 0 bis 9 ersetzt (gleiche Buchstaben = gleiche Ziffern) und es schaffst, dass die dritte Reihe die Summe der beiden oberen Reihen bildet, erhältst du diese Summe in englischer Währung. Herzliche Grüße, dein Vater

Send – ________________________________

more – ________________________________

money – ________________________________

(Lösung Seite 239)

Memory

Können Sie den Wohnungsgrundriss aus Brain-Time 6 in allen Einzelheiten aufmalen?

Atmen Sie tief ein und aus, legen Sie die Fingerspitzen beider Hände aneinander und strecken Sie Ihre Arme so sehr nach oben, als wollten Sie Ihren Körper vom Stuhl hochziehen. Gut, und nun erinnern Sie sich an die heutigen Gedankenbilder.

Ernährungstipp:
Vitamin E für eine Verlangsamung des Alterungsprozesses

Vitamin E ist wichtig für gesunde Zellstrukturen. Essen Sie öfter Weizenkeime und Sonnenblumenkerne und Nüsse. Nehmen Sie für Salate kaltgepresste Öle: Weizenkeimöl, Leinöl, Distelöl und Traubenkernöl. Diese Öle enthalten außerdem viel ungesättigte Fettsäuren, wie Linolsäure, Linolensäure oder Gamma-Linolensäure. Die Fette im Gehirn sind zu zwei Dritteln ungesättigte Fettsäuren. Sie sind für die Abläufe an der Zellmembran verantwortlich. Linolsäure und Linolensäure sind in diesem Zusammenhang von besonderer Wichtigkeit. Die Gamma-Linolensäure ist Ausgangssubstanz für Prostaglandine (zum Beispiel für die Kontraktion der Blutgefäße zuständig und für Lernvorgänge und Gedächtnisleistungen von Bedeutung). Nehmen Sie als Nahrungsergänzung Nachtkerzenöl in Gelatinekapseln, das sehr viel Gamma-Linolensäure und Vitamin E enthält. So wird der Alterungsprozess der Zellen verlangsamt und Ihr Gehirn bleibt fit.

||| BRAIN-INFO

Denken Sie positiv!

Das Gebiet der Psychoneuroimmunologie zeigt die vielfältigen Verbindungen zwischen Gehirn und Immunsystem auf. Nervensystem und Immunsystem kommunizieren mit Hilfe von Botenstoffen. Endorphine zum Beispiel beeinflussen Lymphozyten. Neurotransmitter haben einen „direkten Draht“ zu den Wachstums- und Teilungsgenen in der Zelle. Positive Gefühle scheinen das Gehirn anzuregen, indem Botenstoffe ausgeschüttet werden.

Wer den Muskel stählt, schärft auch das Hirn!

Professor Hollmann von der Sporthochschule Köln weist mit der sogenannten PET („Positronen-Emissions-Tomographie“) „heiße Flecken“ im Gehirn der Versuchspersonen nach. Bei einer Registrierung von 25 Watt Leistung auf dem Fahrradergometer ist bereits eine Mehrdurchblutung von 15 Prozent zu verzeichnen.

Brain-Time 8

Dieses Mal brauchen Sie für das Brain-Fitness-Training nicht nur Papier und Stift, sondern vor allem einen Stuhl. Ich werde Ihnen ein bisschen bezüglich Ihrer Merkfähigkeit abverlangen, Ihnen aber auch zeigen, warum Lachen so wichtig ist.

1) Entspannung

Setzen Sie sich mit geradem Rücken auf den Stuhl und legen Sie beide Hände seitlich unter die Sitzfläche. Versuchen Sie, den Stuhl

hochzuheben, während Sie langsam von fünf bis eins rückwärts zählen. Lassen Sie los und genießen Sie das entspannte Gefühl. Wiederholen Sie die Übung 3-mal.
Diese isometrische Übung stärkt die geistige Leistungsfähigkeit und bereitet optimal auf die weiteren Übungen vor.

2) Konzentration

Lesen Sie den untenstehenden Text aus Großbuchstaben ohne Punkt und Komma möglichst schnell und zählen Sie dabei die Hauptwörter. Versuchen Sie gleichzeitig, den Inhalt zu erfassen.

DERUNKONZENTRIERTLERNENDELÄSSTSICHDURCH
KLEINSTEGERÄUSCHEABLENKENSCHAUTVERTRÄUMT
AUSDEMFENSTERUNTERBRICHTSTÄNDIGSEINEARBEIT
RUTSCHTUNRUHIGAUFSEINEMSTUHLHINUNDHER
ODERSPIELTBEIJEDERGELEGENHEITMITIRGEND
WELCHENGEGENSTÄNDENODERMITDENFINGERNER
BRAUCHTIMMERWIEDERNEUEANREGUNGENUNDMUSS
IMMERWIEDERNEUMOTIVIERTWERDENERVERLIERT
SONSTLEICHTDIELUSTANDERSACHEDAERJAALLEINOFT
VIELESNICHTZUENDEBRINGTODERZUMINDESTLANGE
BEISEINENAUFGABENSITZT

Anzahl: ____________________

Diese Konzentrationsübung (Lösung Seite 239) war zugleich ein Gedächtnistraining, das Sie mit der folgenden Übung fortführen können.

3) Merkfähigkeit

Merken Sie sich beim einmaligen Durchlesen des folgenden Lebenslaufes möglichst viele Einzelheiten und finden Sie schnell heraus, um wen es sich handelt.

M. G. wurde am 2. Oktober 1869 in Porbandar geboren. Er wurde absolut asketisch und streng religiös erzogen und schon als Dreizehnjähriger verheiratet. In London studierte er von 1888 bis 1891 Jura. 1893 bis 1914 war er Syndikus, das heißt Rechtsanwalt, Rechtsbeistand, einer indischen Firma in Südafrika. Im Kampf um politische und soziale Rechte verwirklichte er seine Methode des gewaltlosen Widerstandes. Seit 1915 war er der Führer der indischen Unabhängigkeitsbewegung im Kampf gegen die britische Vorherrschaft. Am 30. Juni 1948 kam er durch das Attentat eines Hindufanatikers ums Leben.
(nach: G. Nerger: „Wie viele Doktorhüte hatte Einstein?")

Decken Sie den Text ab und schreiben Sie auf, an was Sie sich erinnern. Um wen es sich handelt, erfahren Sie auf Seite 239.

||| BRAIN-TIPP

Eine kleine Gedächtnisübung

Schlagen Sie eine Zeitschrift auf, zum Beispiel eine Werbeseite, und registrieren Sie ganz bewusst viele Details. Schreiben Sie einige Stunden später auf, an was Sie sich noch erinnern können, und vergleichen Sie Ihre Ergebnisse mit dem Originalbild.

4) Wort- und Wissensfindung

Öffnen Sie das Fenster und atmen Sie einige Male tief ein und aus, bevor Sie mit dem Training Ihres Wortschatzes fortfahren.

a) Allroundfitness

Schreiben Sie das Wort „Allroundfitness“ in Druckbuchstaben senkrecht und suchen Sie möglichst schnell zu jedem Buchstaben einen Begriff zum Thema Fitness im weitesten Sinne. Zeit läuft! (Lösungsideen Seite 239)

A: Ascorbinsäure ____________________

L: Lachen ____________________

L: ____________________

R: ____________________

O: ____________________

U: ____________________

N: ____________________

D: ____________________

F: ____________________

I: ____________________

T: ____________________

N: ____________________

E: ____________________

S: ____________________

S: ____________________

b) Politiker ohne e

Finden Sie in 1 Minute mindestens zehn Politiker im In- und Ausland, in deren Namen kein „e“ vorkommt, wie zum Beispiel Brandt. Weitere Lösungsvorschläge finden Sie auf Seite 240.

5) Brain-Moving

Setzen Sie sich mit geradem Rücken auf einen Stuhl, spreizen Sie die Finger und legen Sie die Fingerspitzen beider Hände aneinander. Schwingen Sie Ihre Arme schnell ganz weit nach hinten und wieder nach vorn und treffen Sie mit den Fingerspitzen wieder aufeinander. Legen Sie jetzt Ihre Zehen aneinander, und während Sie das nächste Mal die Hände wieder nach vorn bewegen, schwingen Ihre Füße weit auseinander. Wiederholen Sie dies 10-mal, bevor Sie in Gedanken in das Reich der Mitte, nach China, fliegen.

6) Fantasie und Kreativität

„Dlei Chinesen mit dem Kontlabass“

Von den Chinesen sagt man, dass sie das „r“ schlecht sprechen können und stattdessen „l“ sagen. Kreieren Sie zunächst einen lustigen Satz, in dem möglichst viele „r“ vorkommen, und lesen Sie ihn dann auf „Chinesisch“. Lassen Sie Freunde raten, was Sie gemeint haben. Das Sprechen wie das Hören ist eine ausgezeichnete Konzentrationsübung und ganz nebenbei werden Sie viel Spaß haben. Von Ost nach West, von rechts nach links. Für die folgende „Denk mal“-Aufgabe sollten Sie Ihre Energie auf die linke Gehirnhälfte konzentrieren.

Denk mal

Ordnen Sie die folgenden Ziffern zwei getrennten Gruppen zu, die sich zur selben Summe addieren lassen (Lösung Seite 240).

1 2 3 4 5 7 8 9

||| BRAIN-TIPP

Lachen Sie öfter!

Ihre Gesichtsmuskeln haben einen „direkten Draht“ zum Gehirn. Gesicht und Gehirn werden durch dieselbe Arterie mit Blut versorgt. Wenn Sie Ihre Stirn in Falten legen und/oder den Mund zusammenpressen, verändert sich die Durchblutung und chemische Botenstoffe werden freigesetzt. Ihre Stimmung wird automatisch schlechter. Wenn Sie lächeln oder lachen, werden Sie dagegen glücklich. Also: Lachen Sie öfter, auch oder gerade dann, wenn Ihnen nicht danach zumute ist.

Atmen Sie einige Male tief durch. Klopfen Sie sich auf die Schulter, denn Sie haben bereits acht Tage des Programms geschafft. Sie können gleich testen, wie sehr sich Ihr Gedächtnis bereits verbessert hat.

Memory

An welche Gedankenbilder aus Brain-Time 7 erinnern Sie sich? Haben Sie sich auch die Einzelheiten des Lebenslaufes gemerkt?

____

____

____

____

Ernährungstipp: Hefe nicht nur fürs Bier!	
Hefe-Brain-Drink Mixen Sie 3 EL flüssige Bierhefe ½ Glas Heidelbeersaft oder schwarzen Johannisbeersaft Saft einer halben Zitrone	Hefe ist reich an B-Vitaminen („Nerven-Vitaminen"), essentiellen Aminosäuren, wichtigen Nukleinsäuren, Enzymen, Mineralstoffen und Spurenelementen wie Selen, das besonders aktivierend wirkt. Hefe ist für die geistige Fitness unentbehrlich.

Brain-Time 9

Für die geistige Leistungsfähigkeit wie auch für das Leben allgemein gilt es, auf den richtigen Wechsel zwischen Anspannung und Entspannung zu achten. Dabei helfen Ihnen besonders isometrische Übungen. Starten Sie heute mit dieser:

1) Entspannung

Setzen Sie sich auf einen Stuhl und heben Sie das linke Knie. Halten Sie es mit beiden Händen fest, während der andere Fuß auf dem Boden bleibt. Halten Sie den Rücken dabei gerade. Versuchen Sie, gegen den Widerstand der Hände das Bein wegzudrücken, während Sie ruhig und gleichmäßig atmen und langsam bis fünf zählen. Lassen Sie los und genießen Sie das entspannte Gefühl. Wiederholen Sie die Übung 3-mal mit dem rechten und 3-mal mit dem linken Knie.

2) Konzentration

a) Konzentration zu zweit

Für die nächste Übung brauchen Sie eine(n) Partner(in). Sollte im Moment niemand zur Verfügung stehen, wandeln Sie die Übung so wie unter 2b beschrieben ab.

Setzen Sie sich Ihrem Partner beziehungsweise Ihrer Partnerin auf einem Stuhl gegenüber und halten Sie mit den Händen Ihre Knie fest. Stellen Sie sich nun 3 Minuten gegenseitig möglichst viele Fragen, auf die nicht mit Ja oder Nein geantwortet werden darf und bei denen keine Gesten – weder mit Händen noch mit Füßen – erlaubt sind.

b) Ja oder nein?

Wenn Sie die heutige Konzentrationsübung allein absolvieren, dann machen Sie einfach Folgendes:

Halten Sie im Sitzen mit den Händen Ihre Knie fest und versuchen Sie, 2 Minuten lang abwechselnd Fremdwörter zu finden, die einmal „j“ und „a“ und einmal „n“ und „e“ enthalten.

Beispiel:
Jacquard, Longe, Jackpot, enorm …

____

____

____

____

____

3) Merkfähigkeit

Schauen Sie sich die Utensilien auf dem Schreibtisch in der Abbildung auf Seite 140 etwa 1 Minute lang genau an, blättern Sie dann auf diese Seite zurück, buchstabieren Sie das Wort „Schreibtischplatte“ rückwärts und zählen Sie dann auf, an welche Einzelheiten auf dem Bild Sie sich erinnern.

____

____

____

____

____

||| BRAIN-TIPP

Mit Visualisierung geht alles besser

Lassen Sie sich von Ihrem Partner oder einem Kollegen einen beliebigen Begriff nennen. Schließen Sie die Augen und visualisieren Sie den Begriff. Welche Gedankenverbindungen können Sie in 2 Minuten herstellen? Riechen oder schmecken Sie dabei etwas? Hören Sie vielleicht eine Melodie? Beispiel: Rose – Duft, Dornen, Garten, Schere, Blut, Kuss, Rendezvous ...

4) Wort- und Wissensfindung

Körperteile

a) Schaffen Sie es, in 2 Minuten zwanzig Wörter zu finden, in denen unterschiedliche Körperteile versteckt sind?

Beispiel:
Mohr, schwanger, Omageneration …

b) Kennen Sie Titel aus der Popmusik, von Opern und Musicals, in denen ein bestimmter Körperteil eine Rolle spielt?

Lösungsideen zu den Übungen 4a und 4b finden Sie auf Seite 240.

5) Brain-Moving

Legen Sie flotte Musik auf, tanzen Sie und schwingen Sie Ihre Arme im Rhythmus der Musik überkreuz, und zwar abwechselnd vor und hinter dem Körper (die Hände zeigen dabei nach unten). Gleichzeitig überkreuzen Sie Ihre Beine einmal links vor rechts und rechts vor links, ohne dabei ins Stolpern zu geraten. Mit dieser Überkreuzbewegung haben Sie die Zusammenarbeit der beiden Hemisphären des Gehirns gestärkt und können nun Ihrer Fantasie freien Lauf lassen.

BRAIN-TIPP

Kleine Aufregung gefällig?

Reiben Sie morgens vor dem Aufstehen Ihre Ohrläppchen, das fördert die Durchblutung des Kopfes, und bewegen Sie Ihre Zehen und Ihre Finger, um auf diese Weise die Durchblutung des ganzen Körpers anzuregen.

6) Fantasie und Kreativität

Detektivspiel

Heute sollen Sie herausfinden beziehungsweise kreativ erfinden, was mit den folgenden Zeichnungen dargestellt sein könnte. Machen Sie je drei Vorschläge.

Bevor Sie sich in Gedanken als Hotelgast sehen, zeichnen Sie die Figuren noch einmal mit links (Linkshänder: mit rechts).

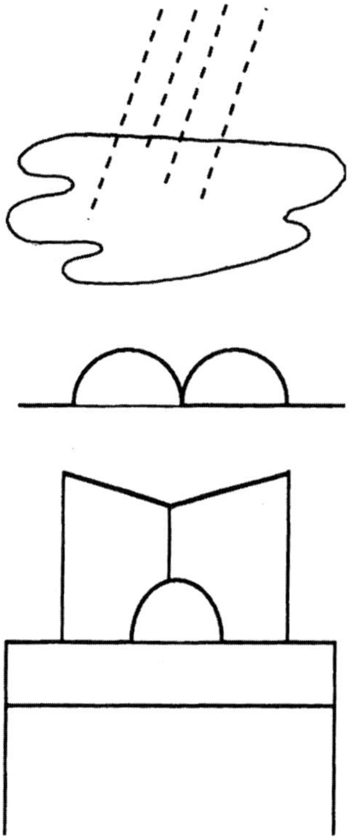

Denk mal

Zu viele Hotelgäste

In einem noblen Hotel werden elf neue Gäste erwartet, die Einzelzimmer gebucht haben. Es stehen aber im Moment nur zehn Einzelzimmer zur Verfügung. Die Gäste treffen im Abstand von etwa einer halben Stunde im Hotel ein. Zwei Gäste werden zunächst provisorisch in ein Einzelzimmer gebeten, Gast Nummer drei erhält das zweite Zimmer, Gast Nummer vier das dritte und so weiter, bis zum zehnten Gast, der das neunte Zimmer erhält. Nun kann der elfte Gast, der zuvor provisorisch mit in das erste Zimmer gebeten worden war, sein eigenes Zimmer beziehen. Jetzt hat jeder Gast ein Zimmer bekommen, oder haben Sie da Bedenken? (Lösungshinweis auf Seite 240)

Memory

Öffnen Sie das Fenster, atmen Sie tief durch und erinnern Sie sich dann an die Merkfähigkeitsübung in Brain-Time 8 (Lebenslauf einer einzigartigen Persönlichkeit).
Haben Sie die Zahlen-Merkwortleiste aus der Brain-Time 7 noch im Kopf?

Ernährungstipp: Drink für mehr Leistungsfähigkeit	
Banschok Mixen Sie 1 Glas Vollmilch 1 EL geriebene Schokolade 1 EL zerdrückte Banane 1 EL Honig 1 EL Lecithin	Damit Sie bei guter Laune bleiben, essen Sie Erdnüsse oder trinken Sie Schokoladenmilch beziehungsweise Milch mit Schokolade, Lecithin, Honig und Banane. Die Milch enthält Aminosäuren für die Neurotransmitterbildung, Schokolade enthält anregende Stoffe, Honig gibt Energie, die Banane entspannt und Lecithin ist ebenfalls für die Neurotransmitterbildung wichtig.

||| BRAIN-INFO

Eine Überdosis Stress reißt „Denklücken". Wer sich und seinen Denkapparat ständig unter Druck setzt, erreicht genau das Gegenteil. Die Angst, den Erwartungen nicht gerecht zu werden, löst Stress aus. Es kommt zu Denkblockaden und Konzentrationsstörungen. Faulheit im Sinne von Loslassen, Gelassensein, Entspanntsein ist der Humus des Geistes. Wer jedoch längere Zeit denkfaul ist, lässt in der geistigen Leistungsfähigkeit erheblich nach. Entspannung dagegen bewirkt eine Harmonie von linker und rechter Gehirnhälfte und die Einschaltung der rechten Gehirnhälfte.

BRAIN-NEWS

Frauen und Männer denken unterschiedlich

Männern fehlt oft der „7. Sinn"

Der 7. Sinn entspricht der Intuition, die vorwiegend in der rechten Gehirnhälfte lokalisiert ist. Die meisten Frauen können emotionale Zusammenhänge besser erfassen, da der Balken zur Verbindung der beiden Gehirnhemisphären teilweise stärker ist und zu einer schnelleren und intensiveren Kommunikation zwischen linker und rechter Gehirnhälfte führt. Dafür können Männer abstrakter denken. Grund: Die linke Gehirnhälfte dominiert bei den meisten Männern sehr stark über die rechte Hälfte.

Was Frauen alles können

Frauen reagieren nicht so empfindlich auf Stress. Das ist auf subtile neurologische Unterschiede in Aufbau und Funktion des männlichen und weiblichen Gehirns und eine unterschiedliche Hormonproduktion zurückzuführen. Frauen lernen meist leichter Sprachen, da sie beide Gehirnhälften einsetzen, Männer hingegen überwiegend nur die linke Hälfte (Frauen haben circa 11 Prozent mehr Zellen im Sprachzentrum). Wenn es um Wortfindung, Ideen- und Wortflüssigkeit geht, sind Frauen oft im Vorteil, sie haben also eine höhere verbale Gewandtheit. Frauen haben zudem meist eine höhere Wahrnehmungsgeschwindigkeit. Sie erkennen zum Beispiel schneller zusammenpassende Objekte. Frauen erledigen bestimmte manuelle Präzisionsaufgaben rascher. Sie erinnern sich oft besser an markante Punkte entlang eines Weges.

Generalisten und Spezialisten

Das Gehirn der Frau neigt dazu, wie ein Generalistenpaar zu arbeiten, während das des Mannes mehr wie ein Spezialistenpaar arbeitet. Da es effektiver ist, mit beiden Gehirnhälften zu arbeiten, können Frauen auf den meisten Schnelligkeitsstufen einen erheblichen Vorsprung an Schnelligkeit und Genauigkeit haben. Frauen und Männer sind von Anfang an verschieden; was gleichgemacht werden muss, ist der Wert, den wir diesen Unterschieden beimessen. (T. Blakeslee, „Das rechte Gehirn“, siehe Literatur Seite 252)

Das räumliche Vorstellungsvermögen
Männer haben ein besseres räumliches Vorstellungsvermögen, sie können zum Beispiel besser einen Stadtplan lesen oder einen Gegenstand in Gedanken drehen. Den Bereich, der für die räumliche Vorstellung zuständig ist, findet man im männlichen Gehirn stärker ausgebildet. Da Hormone eine wesentliche Rolle spielen, haben Studien ergeben, dass das räumliche Vorstellungsvermögen von Frauen am besten während ihrer Periode ist, wenn der Östrogenspiegel seinen tiefsten Stand hat, sprachliche Fähigkeiten sind jedoch in der Mitte des Zyklus am besten.

Wer hört besser zu?
Frauen sind die besseren Zuhörer. Männer hören meist nur mit einem Ohr, dem rechten, das mit der linken Gehirnhälfte in Verbindung steht, zu, während Frauen auch hier beidhirnig und damit beidohrig hören.

Coole Rechner
Männer können besser mathematische Schlussfolgerungen ziehen. Bei zielgerichteten motorischen Fähigkeiten sind Männer ebenfalls im Vorteil. Auch fällt ihnen das Auffinden einfacher Formen in einer Vielzahl von überlagerten Strukturen leichter.

Männer sind genial
... Frauen dagegen Allroundkünstler. Männer sind oft auf bestimmte Fähigkeiten spezialisiert, während andere Fähigkeiten brachliegen. Frauen sind meistens nicht auf bestimmte Fähigkeiten spezialisiert, da sie beide Gehirnhälften einsetzen, auch wenn manchmal nur eine Hälfte diverse Aufgaben löst. Energie wird in diesem Fall nicht gebündelt, sondern verstreut.

Brain-Time 10

Telefonnummern, Geburtstage, Termine ... Gehören Sie bis jetzt auch zu den 62 Prozent der Bevölkerung, die bestimmte Telefonnummern immer wieder nachschlagen müssen, die Geburtstage von Freunden und Kollegen oft vergessen und die auch schon mal einen Termin verschwitzen? In Zukunft werden Sie sich an Zahlen ebenso souverän erinnern wie an Namen, wenn Sie die folgenden Übungen und Tipps regelmäßig anwenden.

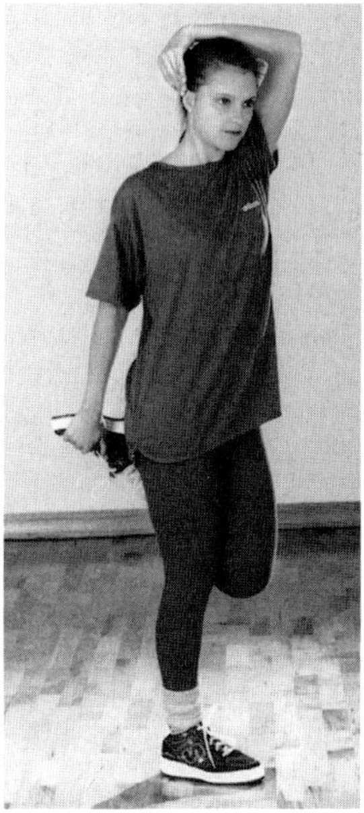

1) Entspannung

Stellen Sie sich aufrecht hin und halten Sie mit der rechten Hand Ihren linken Fuß hoch, sodass er den Po erreicht; mit der linken Hand berühren Sie Ihr rechtes Ohr. Atmen Sie tief und gleichmäßig ein und aus. Halten Sie die Stellung circa 20 Sekunden, bevor Sie loslassen. Wiederholen Sie die Übung mit dem rechten Fuß.

2) Konzentration

Da haben wir den (Zahlen-)Salat

Und nun richten Sie Ihre ganze Aufmerksamkeit auf Zahlen. Streichen Sie so schnell wie möglich die Zahlen durch, bei denen alle Ziffern gerade sind.
Zeit läuft!

463 528 648 56 34 86 46 46 285 8 684 32 21 482
614 843 912 62 251 88 274 88 42 367 52 39 741 662
8 452 7 392 64 82 486 73 214 679 5 654 679 984
84 4 867 4 428 86 254 92 63 48 184 882 46 82 6 439
53 412 8 862 24 262 97 65 84 5 6324 586 76 446 825
912 28 4 493 42 7 668 5 329 432 1 011 667

Wenn Sie sich solche Übungen regelmäßig vornehmen, trainieren Sie dabei nicht nur Ihre Konzentration, sondern auch Ihr Wahrnehmungsvermögen, und Sie können neue Zahlen bewusster und sicherer speichern. Testen Sie nun einmal Ihr Zahlengedächtnis.

3) Merkfähigkeit

Prägen Sie sich den Inhalt dieser Waschmaschine in 2 Minuten so gut ein, dass Sie ihn auch morgen noch wiedergeben können. Versuchen Sie, sich die Teile möglichst bildhaft vorzustellen, zum Beispiel, wie Sie sie auf die Wäscheleine hängen oder in den Trockner legen.

5 Blusen – 7 T-Shirts – 1 Morgenmantel – 3 Hemden – 4 Bodys – 6 Slips – 2 Kopfkissenbezüge – 1 Nachthemd – 4 Handtücher – 1 BH – 3 Schlafanzüge – 2 Shorts

Je öfter Sie sich mit der bildhaften Vorstellung Zahlen merken, desto leichter wird die Zahlenspeicherung im Alltag.

4) Wort- und Wissensfindung

a) Aus drei mach eins

Wenn Sie die Buchstaben von jeweils drei Wörtern zusammensetzen, erhalten Sie einen neuen Begriff. Wie schnell finden Sie die folgenden zwölf Wörter?

Beispiel:
BEI, KORN und BEN = BIENENKORB

WITZ, AMMER und ER = ____________________

FELLE, STALL und REN = ____________________

BUND, ENG und FEIERN = ____________________

SPORT, LEIER und WIE = ____________________

SCHATTEN, EUCH und ER = ____________________

BURG, FRACK und DEIN = ____________________

MANN, LASCHE und ES = ____________________

TEST, ASCHE und WEN = ____________________

WALL, BASS und ER = ____________________

WACHEN, TINTE und ER = ____________________

ZORN, WEKKER und TAL = ____________________

LITER, FÜTTERN und ESTE = ____________________

b) Die magische Sieben

Nennen Sie spontan mindestens sieben Filmtitel, in denen Zahlen eine Rolle spielen. Die Zahl Sieben ist eine magische Zahl, die in vielen Märchen und Geschichten vorkommt.
Lösungen beziehungsweise Lösungsvorschläge für die Übungen 4a und 4b finden Sie auf der Seite 240.

5) Brain-Moving

Versetzen Sie sich in Gedanken in die Zeit der Märchen, in die Kinderzeit, und schaukeln Sie mal wieder. Schaukeln stärkt das Gleichgewichtsorgan (Vestibular-Apparat im inneren Ohr), das bei der Entwicklung und Reifung verschiedener Fähigkeiten eine besondere Rolle spielt. Das Seh- und Sprachvermögen sowie die Konzentrationsfähigkeit werden gefördert. Wenn Sie keine Schaukel besitzen, setzen Sie sich auf den Boden, umschlingen mit beiden Armen Ihre angewinkelten Knie fest, heben die Füße vom Boden und schaukeln hin und her und rundherum.

6) Fantasie und Kreativität

Zahlen besser merken

Wenn Sie von einer Zahl, die Sie sich merken wollen, jeweils den Anfangsbuchstaben aufschreiben, ganz kreativ einen möglichst lustigen Satz bilden und sich diesen Satz auch noch bildhaft vorstellen, vergessen Sie die Zahl nie wieder. Damit Sie sechs und sieben sowie neun und null nicht verwechseln, beginnen die Wörter für sieben mit „si“ und die Wörter für neun mit „ne“.

Beispiel: 4 7 5 4 9 8 –
Viele singende, fröhliche Vereinsmitglieder necken Azubis.

218957 – ______________________________

____

98573 – ______________________________

____

24763 – ______________________________

____

330784 – ______________________________

____

06742/3795 – ______________________________

____

Versuchen Sie in den nächsten Tagen, passende Sätze zu den Telefonnummern Ihrer Freunde und Kollegen zu finden. Je größer der persönliche Bezug, desto besser die Speicherung.

Nachdem sich heute alles um Zahlen gedreht hat, geht es in der „Denk mal“-Aufgabe nun um gefüllte und ungefüllte Formen.

BRAIN-TIPP

Die Eselsbrücken im Alltag

- Probleme mit Telefonnummern? Prägen Sie sich das Ziffernmuster des Telefons ein und stellen Sie sich in Gedanken vor, welche Tasten Sie nacheinander wählen, oder drücken Sie die Ziffern auf einem imaginären Telefon. So kommt Ihr motorisches Gedächtnis zum Zug, das bei Ihnen vielleicht besonders gut ausgebildet ist. Sie können sich auch geometrische Formen oder Buchstaben für Zahlenkombinationen merken:
  Mit der Zahl 13 579 beschreiben Sie zum Beispiel ein Z, die 2 356 bildet ein Quadrat.
- Hochzeitstag vergessen? Bauen Sie sich eine Eselsbrücke. Zum Hochzeitstag am 14. 7. fällt Ihnen zum Beispiel der Sturm auf die Bastille am 14. 7. (1789) ein.
- Geheimnummern nicht parat? Bilden Sie einen lustigen Satz. Zum Beispiel: 235782 – Z wei D iebe f reuen s ich a uf Z aster.

Denk mal

Das rechts abgebildete Spielbrett mit 36 Feldern soll mit den gefüllten und ungefüllten Kreisen, Dreiecken und Vierecken so besetzt werden, dass in keiner Reihe ein Zeichen doppelt vorkommt, weder waagerecht noch senkrecht noch in allen diagonalen Reihen. Vier Felder sind „Joker“, das heißt, sie müssen kein Zeichen bekommen.
Die Lösung finden Sie auf Seite 241.

Öffnen Sie das Fenster und atmen Sie 3-mal tief ein und aus. Dann versuchen Sie, sich an die ABC-Merkwortliste der vierten Brain-Time zu erinnern.

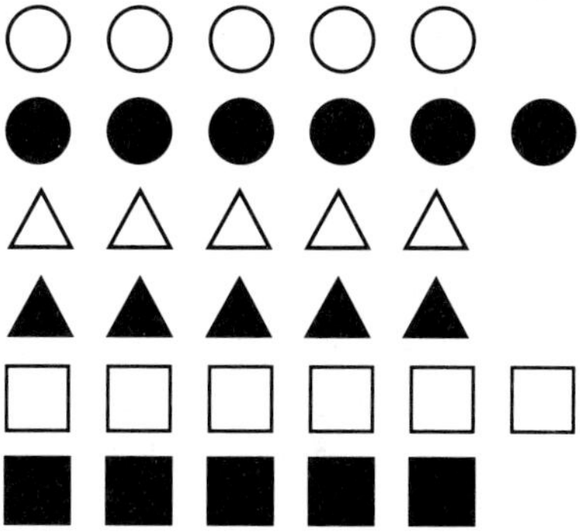

Memory

Können Sie die Waschmaschine schnell noch einmal vollständig füllen?

Ob die Waschmaschine nun voll geworden ist oder nicht: Stellen Sie sich noch einmal den Schreibtisch aus Brain-Time 9 vor. Was war da doch gleich zu sehen?

Ernährungstipp: Sauer macht nicht nur lustig!	
Sauerkrautsalat Mischen Sie 200 Gramm Sauerkraut 30 Gramm gehackte Walnüsse 2 EL Sonnenblumenkerne 3 Scheiben Ananas, gewürfelt 1 EL Sojaöl 1 Liebesapfel, in Achtel geschnitten, zur Garnierung	Wenn Sie sauer sind, weil Ihnen vielleicht nicht alle Wäschestücke aus der Waschmaschine oder alle Schreibtischutensilien eingefallen sind, essen Sie Sauerkraut. Denn Sauerkraut verbessert die Gehirn-und Nervenfunktionen und sorgt für Entspannung. Sauerkraut ist die beste Quelle für Acetylcholin, das im Gehirn zur Impulsübermittlung benötigt wird. Außerdem ist Sauerkraut einer der besten Magnesium- und Calciumspender. Empfehlung: Ein kleines Glas Sauerkrautsaft auf leeren Magen vor dem Essen.

Brain-Time 11

Die heutige Brain-Time beginnt mit der Aktivierung Ihrer Sinne. Sie dürfen außerdem noch ein bisschen repetieren, eine (hoffentlich) spannende Geschichte schreiben und Ihr Geschick im Umgang mit Streichhölzern unter Beweis stellen.

1) Entspannung

Öffnen Sie das Fenster und schauen Sie 2 Minuten hinaus. Welche Geräusche nehmen Sie wahr? Welche Einzelheiten, welche Farben und Formen fallen Ihnen auf? Richten Sie Ihre Aufmerksamkeit dann auf die Fensterbank. Wie fühlt sich die Oberfläche an? Stellen Sie sich vor, dass außen auf der Fensterbank zwanzig rote Kerzen brennen. Holen Sie immer wieder tief Luft und pusten Sie jeweils zwei Kerzen gleichzeitig aus. Durch die Konzentration auf Sinneswahrnehmungen sind Sie gut eingestimmt auf folgende Fingerübung, bei der Ihr Tastsinn gefragt ist.

2) Konzentration

a) Parallel, bitte!

Die Finger der linken Hand berühren nacheinander den linken Daumen, während gleichzeitig die Finger der rechten Hand den rechten Daumen berühren. Beginnen Sie bei der rechten Hand mit dem Zeigefinger und bei der linken Hand mit dem kleinen Finger.

b) Das andere ABC

Sagen Sie möglichst schnell das Alphabet auf und nennen Sie bei jedem Großbuchstaben, der keine Rundung hat, einen entsprechenden Begriff zum Thema Freizeit.

Beispiel: A = Angeln …

3) Merkfähigkeit

Betrachten Sie 2 Minuten die Zeichnung aus der Fußgängerzone einer mittelgroßen Stadt und prägen Sie sich möglichst viele Einzelheiten ein.

Wenn Ihre Sinne wach sind, werden Sie beim Betrachten der Zeichnung nicht nur visuelle Details, sondern auch Geräusche und Düfte wahrnehmen …

4) Wort- und Wissensfindung

a) Buchstabenwechsel

Bei den folgenden Begriffen sind die Buchstaben durcheinandergeraten. Schaffen Sie es, in 3 Minuten herauszufinden, um welche Wörter es sich handelt?

Beispiel: FRIEBERLENTASCHT = Lernbereitschaft

GNIETPUZALN = ____________________

BEXRTIEGNURAVETT = ____________________

INRAGELRUNPSE = ____________________

KOSTRASSFETERN = ____________________

SÖLEMBROGPULN = ____________________

KRUNFROGVELSTALST = ____________________

TIERAKZENTINO = ____________________

Lösungshinweise zu dieser und der folgenden Übung finden Sie auf Seite 241.

b) Zahlenpersönlichkeiten

Gesucht werden Persönlichkeiten, in deren Namen die Buchstaben der Zahlwörter eins bis zehn enthalten sind.

Beispiel: eins – Einstein, Rinser; zwei – Zweig, Weizsäcker

____

____

____

5) Brain-Moving

Legen Sie eine ruhige, entspannende Musik auf und stellen Sie sich mit eng überkreuzten Beinen hin. Strecken Sie den linken Arm in Schulterhöhe so weit wie möglich nach rechts und den rechten Arm nach links (linkes Bild). Beschreiben Sie mit beiden Armen gleichzeitig vor Ihrem Körper und immer auf derselben Höhe bleibend einen Halbkreis, während Sie mit dem überkreuzenden Bein einen Halbkreis vor sich auf dem Boden zeichnen (rechtes Bild). Wiederholen Sie die Übung 7-mal. Wechseln Sie auch ab und zu Stand- und Spielbein.

6) Fantasie und Kreativität

Zahlenfantasie

Jetzt sind Ihre schriftstellerischen Talente gefragt. Schreiben Sie zunächst zehn Wörter auf, in denen Zahlen vorkommen, wie zum Beispiel Zweibettzimmer, Vierradantrieb, Fünfzimmerwohnung oder Sechszylindermotor, und kreieren Sie spontan eine kurze Geschichte, in der diese Wörter gebraucht werden. Schreiben Sie die kleine Geschichte doch mit der linken Hand.

Denk mal

Diese Gleichung aus Streichhölzern soll möglichst schnell richtig gestellt werden, indem nur ein Streichholz bewegt wird.

$$\frac{\mathrm{XXIII}}{\mathrm{VII}} = \mathrm{II}$$

(Lösung Seite 241)

Memory

Atmen Sie mehrere Male tief ein und aus und entspannen Sie sich. Sehen Sie die Fußgängerzone vor sich? Welche Einzelheiten haben Sie sich eingeprägt?

Erinnern Sie sich auch noch an den Inhalt der Waschmaschine?

Ernährungstipp: Das gute Tyrosin	
Tyrosin (eine nichtessentielle Aminosäure) ist enthalten in Milchprodukten, Nüssen, Bananen, Fleisch, Hülsenfrüchten, Geflügel ... Tyrosin kann nur vom Körper aufgebaut werden, wenn die essentielle Aminosäure Phenylalanin vorhanden ist.	
Tyrosin-Drink 1 Becher Joghurt 2 EL Nüsse 1 Banane 1 EL Weizenkeime 1 EL Honig	Frühstücken Sie wie ein Kaiser! Der Körper ist in der ersten Hälfte des Tages am besten auf Verarbeitung der Nahrung eingestellt. Aminosäuren (Eiweißbausteine) werden zum Beispiel vormittags besser in Neurotransmitter umgewandelt und erhöhen damit die Gehirnleistung.

Brain-Time 12

Noch einmal Zahlen, Zahlen … Damit haben wir ständig zu tun, egal ob wir in einem kaufmännischen Beruf arbeiten oder nicht. Wir müssen uns Telefonnummern, Postleitzahlen, Rechenergebnisse und vieles mehr merken, sie rechtzeitig und genau wieder parat haben. Aber keine Bange, es gibt ja eine ganze Menge Möglichkeiten, sie sich besser einzuprägen.

1) Entspannung

Entspannen Sie zunächst einmal, bevor das Zahlentraining beginnt. Stellen Sie sich ganz locker hin, atmen Sie tief ein und aus, und zwar nacheinander mit bestimmten Vokalen. Beginnen Sie mit dem a, fahren Sie dann mit e, i, o und zuletzt mit u fort. Achten Sie darauf, was bei diesem Vokalatmen in Ihrem Körper geschieht. Jetzt haben Sie abgeschaltet vom Alltag und können sich voll auf Zahlen konzentrieren.

2) Konzentration

Die lieben Postleitzahlen

Schreiben Sie die Postleitzahlen von fünf Städten mit beiden Händen gleichzeitig in die Luft – mit der linken Hand in Spiegelschrift. Sie können Ihnen bekannte Postleitzahlen schreiben oder die folgenden:

AACHEN, Aachener Straße: 52076
BERLIN, Berliner Allee: 13088
DORTMUND, Dortmunder Straße: 44359
ESSEN, Essener Straße: 45141
FRANKFURT, Frankenallee: 60327

Wenn Sie fünf Postleitzahlen in die Luft geschrieben haben, versuchen Sie anschließend, sich die obigen Städte, Straßen und Postleitzahlen einzuprägen, indem Sie diese Tipps in die Tat umsetzen:

- Bilden Sie Zweier- oder Dreiergruppen.
- Versuchen Sie zu rechnen:
  1459 – 1 plus 4 gleich 5, 4 plus 5 gleich 9.

Klappen Sie dann das Buch zu und schreiben Sie auf, an welche Zahlen Sie sich noch erinnern.

Atmen Sie 3-mal tief ein und aus und strecken Sie sich zur Decke, als wollten Sie Sterne vom Himmel holen, bevor Sie sich der folgenden Merkfähigkeitsübung zuwenden, bei der es um Ziffern und Begriffe geht.

3) Merkfähigkeit

Zahlensprache

Merken Sie sich zu den folgenden Zahlen möglichst bildhaft die nachstehenden Begriffe:

1 und Tee
2 und Ehen
3 und Heim
4 und Ohr
5 und Wal
6 und Hexe
7 und Hecke
8 und Fee
9 und Po
10 und Dose
11 und Tüte
12 und Ton
13 und Dom
14 und Tür
15 und Tal
16 und Tisch
17 und Teig
18 und TÜV
19 und Tube
20 und Nase

Machen Sie das Buch zu und zählen Sie auf, an welche Zahl-Wort-Kombinationen Sie sich erinnern.
Diese Begriffe gehören zur Methode der „Zahlensprache", die ich bereits angesprochen habe. Sie regt die Fantasie an und verbessert die Merkfähigkeit. Die Methode erinnert an Geheimschriften mit einem speziellen Code. Dabei werden Zahlen bestimmten Konsonanten zugeordnet:

1 = T/D
2 = N
3 = M
4 = R
5 = L
6 = X/SCH/CH
7 = G/K/C/CK
8 = F/V
9 = B/P
0 = S/Z

Wie Sie sicher festgestellt haben, fehlen alle Vokale. Das hat seinen Sinn, denn nun können Sie mit Hilfe der jeweiligen Konsonanten und beliebig einsetzbarer Vokale Wörter bilden, die Sie in Ihrer Fantasie in Bilder umwandeln. Die Buchstaben w, h, y und j dienen als „Joker“, haben also keine Ziffernbedeutung.
Versuchen Sie jetzt so schnell wie möglich, bestimmte Wörter in Zahlen zu übersetzen:

Liebe – Blume – Schiff – Welt – Mauer – Schach –
Sofa – Flugzeug – Software – Computer – Schreibtisch –
Autoreifen – Verkehrsampel

Wenn Sie die entsprechenden Buchstaben für die Ziffern von Null bis Neun sicher beherrschen, können Sie Telefonnummern in Wörter und damit in Bilder verwandeln, die Ihr Gehirn nicht so leicht vergisst und die die rechte Hemisphäre besonders in Schwung bringen. Sehen Sie diese Zahlensprache in erster Linie als eine Möglichkeit, immer wieder die rechte Gehirnhälfte zu aktivieren und Ihre Kreativität zu fördern. Sozusagen als Abfallprodukt Ihres Trainings speichern Sie Zahlen leichter und verhindern die oft auftretenden Verdreher bei Telefonnummern oder Geheimzahlen.

Der Telefonnummern-Merktrick

Wenn Sie bisher vielleicht immer wieder überlegen mussten, ob die Nummer 0973 8275 oder 0975 8273 lautete, ist es nun ganz eindeutig. Die Dame oder der Herr mit der obigen Nummer stellt sich in Ihrer Vorstellung zunächst vor den Spiegel, nimmt den Föhn, um die Haare trocken zu föhnen, und anschließend den Kamm. Sehen Sie das Bild vor Ihrem geistigen Auge? Wichtig ist, den jeweiligen Besitzer der Telefonnummer oder sich selbst in der entsprechenden Situation tatsächlich zu sehen. Versuchen Sie, jeden Tag mindestens drei wichtige Telefonnummern in Bilder zu übersetzen und zu speichern. Je öfter Sie sich auf unterschiedlichste Weise mit den zu merkenden Zahlen beschäftigen, umso besser prägen diese sich ein. Eine andere Möglichkeit: Merken Sie sich wichtige Nummernfolgen durch Wortbildung. So ergibt beispielsweise die Postleitzahl 73914 das Wort „Computer".

4) Wort- und Wissensfindung

a) Zahlenversteck

Schaffen Sie es, in 2 Minuten für jede Zahl von eins bis elf mindestens ein Wort zu finden, in dem die jeweilige Zahl versteckt ist?

Beispiel:
Ver-eins-heim, Tan-zwei-se, Lan-drei-se

____

____

____

____

b) Wissen rund um Zahlen

1) Welches Land hat zu den Zahlen 13 und 50 eine besondere Beziehung?

____

2) Welches der folgenden Metalle ist das schwerste und welches das leichteste? Kennen Sie das jeweilige spezifische Gewicht?

Quecksilber, Kalium, Gold, Natrium, Uran, Platin, Blei

____

____

3) Welche Ereignisse verbinden Sie mit den Jahreszahlen: 1900, 1902, 1904?

____

____

4) Welche literarischen Werke fallen Ihnen spontan ein, in denen Zahlen eine Rolle spielen?

____

____

(Lösungsideen zu Übung 4a und Lösungen zu 4b auf Seite 242)

5) Brain-Moving

So, das war ein enormes Pensum. Sie haben Ihre Pause wieder einmal verdient. Stellen Sie sich in einen Türrahmen und versuchen Sie, den Rahmen ganz fest auseinanderzudrücken, während Sie langsam von fünf bis eins rückwärts zählen. Lassen Sie los und genießen Sie das entspannte Gefühl. Wiederholen Sie die Übung 3- bis 5-mal und vergessen Sie das gleichmäßige Atmen dabei nicht. Nach dieser Bewegung sind Sie fit für die weiteren Übungen.

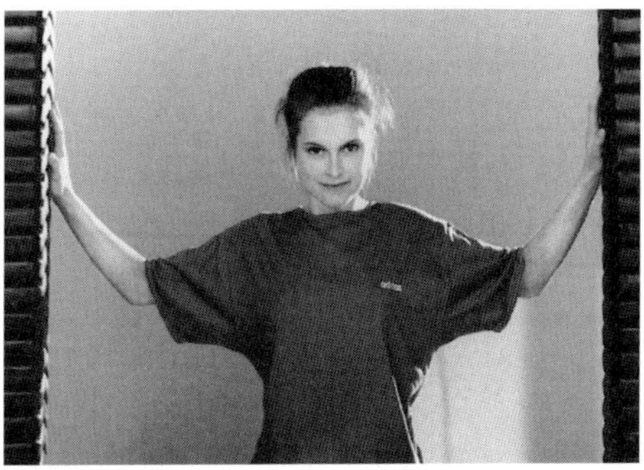

6) Fantasie und Kreativität

Kreative Ziffern

Versuchen Sie, aus Ziffern etwas Kreatives zu gestalten. Die Acht bietet dabei genauso viele Möglichkeiten wie die Vier, die Fünf oder die Neun. Nehmen Sie einen Bogen Papier und finden Sie in 2 Minuten für jede Ziffer von 1 bis 9 mindestens drei verschiedene Gestaltungsmöglichkeiten.

1	2	3
4	5	6
7	8	9

Denk mal

Was macht diese Zahl einmalig? 8 3 1 5 9 6 7 4 2

Wenn Sie die „Denk mal"-Aufgabe im Moment nicht beantworten können, schauen Sie nicht gleich in den Lösungsteil (Seite 242), sondern denken Sie später noch mal darüber nach.

Ernährungstipp: Milch macht nicht nur müde Männer munter

Milor
Mixen Sie
1 Glas Buttermilch
1 Glas frisch gepressten Orangensaft
1 EL Honig
1 EL Sojapulver
Saft einer Zitrone

Milch enthält Aminosäuren für die Neurotransmitterbildung. Speziell Buttermilch ist leicht verdaulich und belastet nicht. Orangen- und Zitronensaft enthalten viel Vitamin C, Honig ist ein sehr guter Energiespender.

||| BRAIN-INFO

Lachen ist die beste Medizin. Diese Redewendung ist jetzt von Wissenschaftlern bewiesen worden. Schlechte Laune schadet der Gesundheit Schon beim Lächeln werden Endorphine ausgeschüttet. Man fühlt sich wohl und ist auch geistig leistungsfähiger.

Versuchen Sie einmal bewusst, etwas zu vergessen. Wetten, dass es Ihnen nicht gelingt?
(H. Lorayne, Experte auf dem Gebiet Gedächtnistraining)

Memory

Welche Einzelheiten der Zeichnung von der Fußgängerzone aus Brain-Time 11 fallen Ihnen noch spontan ein?
Atmen Sie tief ein und aus, lassen Sie Ihre Füße 7-mal rechtsherum und 7-mal linksherum kreisen, und dann kommt Memory Nummer 2:
Können Sie sich auch noch an den Inhalt der Waschmaschine der zehnten Brain-Time erinnern?

Es waren ____ Blusen, ____ T-Shirts, ____ Morgenmäntel, ____ Hemden, ____ Bodys, ____ Slips, ____ Kopfkissenbezüge, ____ Nachthemden, ____ Handtücher, ____ BH, ____ Schlafanzüge, ____ Shorts.

Wenn Sie die Anzahl von mehr als acht Wäscheteilen wussten, klopfen Sie sich auf die Schulter und freuen Sie sich. Haben Sie den Inhalt der Waschmaschine nur noch sehr vage im Kopf, lächeln Sie trotzdem. Geben Sie nicht auf, sondern trainieren Sie weiter. Belohnen Sie sich für jede richtige Antwort.

BRAIN-NEWS

Erfolgreich gegen Stress I

Lächeln Sie beim Telefonieren

Wenn Sie beim Telefonieren lächeln, tun Sie etwas für sich und für Ihren Telefonpartner. Durch das Verziehen der Mundwinkel nach oben steigt automatisch Ihre Stimmung, denn die Muskeln signalisieren dem Gehirn positive Impulse. Gleichzeitig verändert sich Ihre Stimme, und Ihr Gesprächspartner fühlt sich positiv angesprochen. Lächeln Sie ins Telefon! Probieren Sie es aus!

Wenn Sie sehr gestresst sind, lassen Sie das Telefon einige Male klingeln, bevor Sie den Hörer abnehmen; atmen Sie in dieser Zeit tief ein und aus, lächeln Sie und melden Sie sich dann. Sie werden erstaunt sein, wie ruhig und entspannt Sie jetzt sind.

Fühlen Sie sich total erschöpft?

Versuchen Sie es mit Ginseng. Ginseng enthält Ginsenoside, die anregend und kräftigend auf den Organismus wirken. Ist das Nervensystem durch Stress überreizt und droht Erschöpfung, wirken sie beruhigend.

Müde Augen?

Reiben Sie die Handflächen kräftig gegeneinander und legen Sie die Hände dann über die geöffneten Augen. Schließen Sie langsam die Augen und entspannen Sie! (aus: Vital 9/96)

Schnell wieder in Schwung

Wenn Sie müde und erschöpft sind, legen Sie sich auf den Rücken, strecken Arme und Beine in die Höhe und schütteln Hände und Füße durch. Diese Übung ist gut für die Gelenke, entspannt und sorgt für gute Laune.

Den Biorhythmus beachten

Sind Sie ein Morgen- oder ein Abendmuffel? An welchen Tagen haben Sie intensive Leistungshochs, an welchen sind Sie im Keller? Beobachten Sie sich und tragen Sie die „Hoch-Zeiten“ in einem Kalender ein. Versuchen Sie, sehr wichtige Termine oder Arbeiten in diese Zeiten zu legen. Übrigens, wenn Sie ein Tief haben, betrachten Sie Ihren Kalender: Er zeigt Ihnen, dass es bald wieder aufwärts geht.

Die gute alte Lyrik

Greifen Sie zu Gedichten, wenn Sie depressiv sind oder unter starkem Stress stehen. Studien an der Universität Bristol ergaben: 90 Prozent der getesteten Patienten verspürten nach dem Lesen von Poesie einen positiven Effekt, 70 Prozent, nachdem sie selbst etwas geschrieben hatten.

Mal klein, mal groß

Achten Sie auf Ihre Haltung und deren Einfluss auf die Seele. Machen Sie sich abwechselnd klein (runder Rücken, Blick nach unten) und groß (gerader Rücken, Kopf hoch, gerader Blick). Sie fühlen sich auch körperlich besser, denn Ihr Atem kann freier zirkulieren.

Reif für die Insel

Schaffen Sie sich eine Insel im Innern, auf der Sie geschützt sind vor dem Stress des Alltags. Setzen Sie sich bequem hin, schließen Sie die Augen und stellen Sie sich eine Landschaft vor, in der Sie sich so richtig wohl fühlen, zum Beispiel einen Urlaubsort, an dem Sie sehr entspannt sind. Ihre innere Insel gibt Ihnen neue Energie und lässt Sie gelassener mit den Problemen des Alltags umgehen. Ganz gleich, wo Sie sich befinden, Ihre Insel ist immer bei Ihnen.

Steigen Sie auf einen Stuhl!

Wenn Ihnen Ihre Lage total verworren erscheint, betrachten Sie sie von oben. Schütteln Sie nicht skeptisch den Kopf, sondern probieren Sie es aus. Sie werden feststellen, dass der „Überblick“ zu schnelleren Lösungen oder zumindest zu einer neuen Einstellung führt. Stellen Sie sich auf den Tisch oder auf eine Leiter, wenn der Stuhl nicht reicht.

„Ich schaffe das!“

Wenn Sie Ihr Selbstbewusstsein stärken wollen, vermeiden Sie Sätze wie: „Hoffentlich geht das, hoffentlich kann ich das, vielleicht ...“ Sie schaffen das, was Sie sich vorgenommen haben, wenn Sie auch daran glauben – und vor allem immer wieder „ich“ sagen. Besprechen Sie eine Kassette mit positiven Sätzen, wie zum Beispiel: „Ich fühle mich gut. Ich bleibe entspannt und gelassen, ganz gleich, was geschieht. Ich schaffe es. Ich entscheide, wie ich mich fühle. Ich erreiche mein Ziel mit Gelassenheit. Ich bin ganz ruhig und ganz sicher ...“ Diese Kassette können Sie im Auto, bei der Hausarbeit, mit Walkman im Zug, im Wartezimmer oder auf einem Spaziergang hören.

Fit mit Sanddorn

Trinken Sie zum Frühstück einen Sanddornmilchshake oder essen Sie ein Müsli mit Sanddornsirup. Sanddorn verfügt über einen hohen Gehalt an Vitamin C, überdurchschnittlich viel Calcium und Magnesium und außerdem die Vitamine A und E.

Lapacho-Tee – Heiltrunk der Inkas
Die Inkas stellten aus der Rinde des Lebensbaumes einen aromatischen Tee her, den es heute wiederzuentdecken gilt. Er mobilisiert die Abwehrkräfte, übt einen positiven Einfluss auf die Verdauungsorgane aus und soll sogar Krebs verhindern. Die Weisheit der Inkas wurde inzwischen wissenschaftlich bestätigt. Die Rinde des Lapacho-Baumes enthält nicht nur Mineralstoffe, wie Calcium, Eisen und Kalium, sondern auch antibakterielle Substanzen sowie das sogenannte Lapachol, dem eine Anti-Tumor-Wirkung nachgewiesen werden konnte. (aus: Vital 8/96)

Brain-Time 13

Heute geht es mal wieder um Ihre Sinne. Können Sie sich vorstellen, wie es klingt, wenn ein Streichholz angezündet wird oder wenn Regen auf ein Dach trommelt? Sie bilden außerdem ineinander verschachtelte Wortpaare und können sich auf die unmöglichsten Arten fortbewegen. Zunächst entspannen Sie mit allen Sinnen.

1) Entspannung

Setzen Sie sich vornübergebeugt auf einen Stuhl, legen Sie die Hände locker auf die Oberschenkel und schließen Sie die Augen. Sehen Sie vor Ihrem geistigen Auge ein wogendes Haferfeld. Hören Sie, wie der Wind die Halme leise bewegt? Pflücken Sie in Gedanken eine Ähre, fühlen Sie die Grannen und riechen Sie das reife Korn.

2) Konzentration

Buchstabensuche

Wie viel Zeit brauchen Sie, um alle Buchstaben von A bis Z nacheinander mit dem Finger anzutippen?

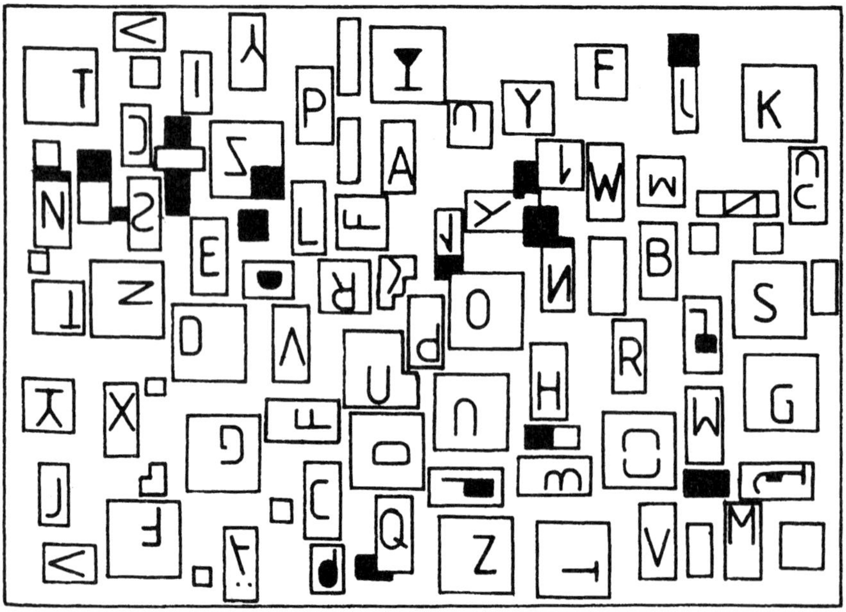

3) Merkfähigkeit

Geräuschekiste

Und nun eine Übung für das Ohr: Versuchen Sie, sich die folgenden Geräusche einzuprägen, indem Sie sie in Gedanken „hören" und sich bildhaft vorstellen, wie sie entstehen.

Streichholz anzünden
Papier zerreißen
Gläser klingen lassen
Staubsauger in Aktion
Telefon klingelt
Regen trommelt auf ein Dach
Schnarchen
Waschmaschine schleudert
Intercity rauscht vorbei
Kirchenglocken läuten
Auspuff knattert
Beifallklatschen
Meeresrauschen
Vogelgezwitscher
Autohupe

4) Wort- und Wissensfindung

Nachdem Sie in den vergangenen Übungen Ihre Sinne aktiviert haben, testen Sie nun mal Ihre Kombinationsfähigkeit in Sachen Wortzusammenhang.

a) Schachtelkonstruktionen

Zwei Wörter sollen ineinandergeschachtelt werden. Bekannt sind jeweils Anfang des ersten und Ende des zweiten Wortes. Wie lange brauchen Sie?

Beispiele:
Re (…) le – Regale, Galle
Ru (…) sa – Rute, Tesa

O (…) ster – ____________________

Pa (…) ist – ____________________

Di (…) ze – ____________________

Jo (…) ze – ____________________

Saf (…) ke – ____________________

Lo (...) or – ______

Or (...) te – ______

Za (...) na – ______

Re (...) el – ______

Mo (...) er – ______

Tor (...) hn – ______

Bal (...) er – ______

Ro (...) tel – ______

Ru (...) gen – ______

Ver (...) ion – ______

An (...) abe – ______

b) Berühmte Persönlichkeiten

Gesucht werden berühmte Frauen und Männer der Geschichte von A bis Z. Fallen Ihnen spontan auch einige Namen von bekannten Tänzerinnen und Tänzern ein?

______

______

______

______

______

(Lösungen zur Übung 4 auf Seite 242)

5) Brain-Moving

Diese Pause steht dem Tanz zur Verfügung, und zwar gehirngerecht mit links. Legen Sie rhythmische Musik auf und tanzen Sie mit „links". Schwingen Sie das linke Bein im Rhythmus der Musik abwechselnd nach vorn, zur Seite und nach hinten, während Sie den linken Arm in Schulterhöhe abwechselnd zur Seite, nach vorn und nach hinten strecken, aber nicht parallel zum linken Bein (3 Minuten).

Wenn Sie sich mit der Musik noch weiter bewegen möchten, setzen Sie die folgende Fantasieübung in die Tat um.

6) Fantasie und Kreativität

Auf welche Weise kann ein Mensch vom Ort A zum Ort B gelangen? Finden Sie in 1 Minute mindestens 15 kreative, ungewöhnliche Lösungen.

Beispiel: Er schlägt Räder …

____

____

____

____

____

____

Denk mal

Ob Sie heute erfolgreich waren oder nicht, jetzt dürfen Sie in Gedanken ausgehen:
Stellen Sie sich vor, Sie sind auf eine Faschingsparty eingeladen. Es werden Ihnen und zwei weiteren Partygästen die Augen verbunden, und Sie müssen aus fünf Telefonbildern jeweils eines wählen, das Ihnen beziehungsweise Ihren Mitspielern auf den Rücken geheftet wird. Die zwei übrigen Telefonbilder werden versteckt, bevor man Ihnen die Augenbinden abnimmt. Man erklärt Ihnen, dass zwei der fünf Telefone rot und drei grün sind. Wer als Erster die Farbe seines Telefons auf dem Rücken errät, erhält einen Kuss der Gastgeberin Eva. Sie sehen auf dem einen Rücken ein grünes Telefon und auf dem anderen ein rotes Telefon und denken angestrengt nach. Jetzt geht ein Lächeln über Ihr Gesicht und Sie rufen: „Mein Telefon ist …"

Warum wissen Sie das so genau? Lächeln Sie weiter, auch wenn Sie die Lösung des Problems nicht sofort wissen.
(Lösung Seite 243)

||| BRAIN-TIPP

Adrenalin hat stimulierende Wirkung: Es sorgt für die typischen Stressreaktionen (Blutdruckanstieg, Erhöhung des Blutzuckerspiegels, Denkblockaden) und beeinflusst die Endorphin-Sekretion. Noradrenalin, eine Vorstufe des Adrenalins, hat eine anregende Wirkung auf das Gehirn, verbessert das Gedächtnis und beeinflusst die geistige Leistungsfähigkeit positiv.

Memory

Welche Begriffe gehörten in der zwölften Brain-Time zu den Zahlen von eins bis zwanzig?

Atmen Sie 3-mal tief ein und aus, setzen sich aufrecht hin und schließen die Augen. Legen Sie beide Hände auf die Stirn und „hören" Sie noch mal die heutigen Geräusche.

Ernährungstipp: Fitmacher Tryptophan

Tryptophan (eine essentielle Aminosäure) sorgt für eine bessere geistige Leistungsfähigkeit. Es ist enthalten in Eiern, Geflügel, Milchprodukten, Nüssen, Mandeln, Bananen, Ananas, Feigen, Hülsenfrüchten, Rind- und Schaffleisch. Tryptophan muss mit viel Polysacchariden und mit fünf weiteren Aminosäuren (Tyrosin, Phenylalanin, Leucin, Isoleucin, Valin) aufgenommen werden, sonst gelangt es nicht ins Gehirn.
Eine sehr gute Tryptophanquelle ist Fisch, vor allem Meeresfisch wie Hering. Fisch ist Hirnnahrung, denn er enthält außer Tryptophan weitere Aminosäuren und wichtige Nukleinsäuren, ist reich an Vitamin A und D, enthält ungesättigte Fettsäuren (vor allem Omega-3-Fettsäuren), Jod für die Schilddrüse, Calcium und B-Vitamine. Wer keinen Fisch mag, kann auch zu Fischöl-Gelatinekapseln greifen.

Obstsalat mit Quarksauce
Für den Salat zerkleinern Sie:
3 Scheiben Ananas
5 Feigen
1 Banane
2 EL Mandeln
2 EL Nüsse

Die Sauce rühren Sie an aus:
125 Gramm Quark
1 Becher Sahne
1 Becher Naturjoghurt
1 EL Honig
1 Päckchen Bourbon-Vanillezucker
1 Eigelb

Brain-Time 14

… und noch einmal geht es um Namen. Erinnern Sie sich noch an die Namen der Gedächtnisübung in Brain-Time 5? Wer trug einen bunten Schlips? Wer steht an einer Ampel und umarmt den Partner? Wer bemalt mit einem Pinsel einen Ski? Fallen Ihnen die übrigen neun Namen auch noch ein? Wenn ja, ist Ihr Namensgedächtnis super. Wenn Sie sich nur an wenige Namen erinnern können, ärgern Sie sich nicht, sondern belohnen Sie sich für jeden gemerkten Namen.

1) Entspannung

Atemübung

Öffnen Sie das Fenster und gehen Sie auf Zehenspitzen. Heben Sie langsam die Arme über den Kopf und atmen Sie dabei durch die Nase ein. Wenn die Arme über dem Kopf gestreckt sind, halten Sie die Luft an. Senken Sie die Arme und atmen Sie gleichzeitig durch den Mund aus. Senken Sie die Arme noch tiefer und stoßen Sie dabei den Rest Luft aus. Schütteln Sie die Arme aus und wiederholen Sie die Übung 5-mal. Diese Atemübung sollten Sie im Alltag öfter wiederholen, vor allem wenn Sie sich voll konzentrieren und schwierige Probleme lösen müssen.

2) Konzentration

Lesen Sie den folgenden Text möglichst schnell, zählen Sie alle „ei" und „ie" und versuchen Sie gleichzeitig, den Inhalt zu erfassen, so dass Sie ihn später wiedergeben können. Ob Sie richtig gezählt haben, können Sie auf Seite 243 nachschlagen.

Seien Sie positiv! Das, was Sie gern tun, fällt Ihnen leicht. Das, was Sie mit Liebe tun, wird Ihnen gelingen. Ihre Einstellung entscheidet über Ihren Erfolg. Sagen Sie: „Ich schaffe das! Mein Gedächtnis ist ausgezeichnet! Wenn ich lerne, bin ich voll konzentriert. Ich gehe ruhig und gelassen an meine Arbeit. Ich stelle mir meinen Erfolg bildhaft vor. Ich arbeite konsequent nach Plan. Ich gebe mein Bestes und ich erwarte nicht zu viel von mir. Ich freue mich über jeden noch so kleinen Erfolg und belohne mich dafür. Meine positive Einstellung gibt mir immer wieder neue Energie."

Texte schnell zu lesen, bestimmte Buchstaben zu zählen und gleichzeitig den Inhalt zu erfassen trainiert nicht nur Ihre Konzentration, sondern auch Lesegeschwindigkeit und Wahrnehmung. Sie erfassen immer schneller das Wesentliche. Lesen Sie Zeitungstexte, Briefe oder Werbung in Zukunft auch „anders", bald werden Sie den Erfolg feststellen.

3) Merkfähigkeit

Stellen Sie sich vor, wie Sie in eine fremde Stadt fahren, um dort mehrere Geschäftstermine wahrzunehmen. Prägen Sie sich Namen, Termine und Straßen so gut ein, dass Sie sie später wieder abrufen können.

9.00 Uhr: Cebis Computersysteme, Finkenstraße 24
10.30 Uhr: Kähler Baumaschinen, Mozartstraße 1
12.15 Uhr: Mykonos Spezialitätenrestaurant, Marktplatz 5
14.30 Uhr: Ivema Fotopoint, Römerstraße 3
15.30 Uhr: Huster Ingenieurbüro, Röntgenring 17
16.45 Uhr: Uppermann Reiseservice, Georgstraße 4
18.20 Uhr: Flughafen, Maschine LH 310

Wenn Sie sicher sind, alle Daten gespeichert zu haben, öffnen Sie das Fenster und atmen Sie einige Male tief ein und aus. Summen Sie Ihre Lieblingsmelodie und wiederholen Sie noch einmal in Gedanken Ihren Terminplan, bevor Sie sich der nächsten Übung zuwenden.

4) Wort- und Wissensfindung

Oft speichert man zwar den Nachnamen, aber der Vorname „rutscht" buchstäblich weg. Wenn Sie sich jedoch auch zum Vornamen ein Bild machen, wird Ihnen das nicht mehr passieren. Beschäftigen

Sie sich zunächst mit gängigen Vornamen. Stellen Sie sich zum Beispiel Anne mit einer großen Milchkanne auf dem Kopf vor und Ernst, wie er den Sternenhimmel betrachtet.

a) Vornamenversteck

Suchen Sie in 1 Minute möglichst viele Wörter, in denen Vornamen versteckt sind.

Beispiel: K-anne, St-ernst-unde

b) Kunst ohne Sorge

Gesucht werden Künstler und Kunstwerke, deren Namen beziehungsweise deren Titel die Buchstaben s, o, r, g und e **nicht** enthalten. Wie viele solcher Namen fallen Ihnen in 2 Minuten ein?

(Lösungsvorschläge auf Seite 243)

5) Brain-Moving

In der Pause nun eine Übung, die wieder die Zusammenarbeit der Hemisphären besonders fördert. Sorgen Sie für flotte Musik, stellen Sie sich hin und strecken Sie den linken Arm im Rhythmus der Musik abwechselnd zur Decke (Hand dabei öffnen, linke Abb.) und zum Boden (eine Faust dabei machen, rechte Abb.), während Sie gleichzeitig das rechte Knie anheben und wieder senken. Beim Anheben ziehen Sie die Zehen ein und beim Senken strecken Sie sie. Nach etwa 2 Minuten wechseln Sie die Seiten (Sie strecken den rechten Arm zur Decke und heben gleichzeitig das linke Knie). Diese Übung löst Denkblockaden, stärkt die Verbindung zwischen den beiden Hemisphären und lässt somit auch die rechte Gehirnhälfte aktiv werden.

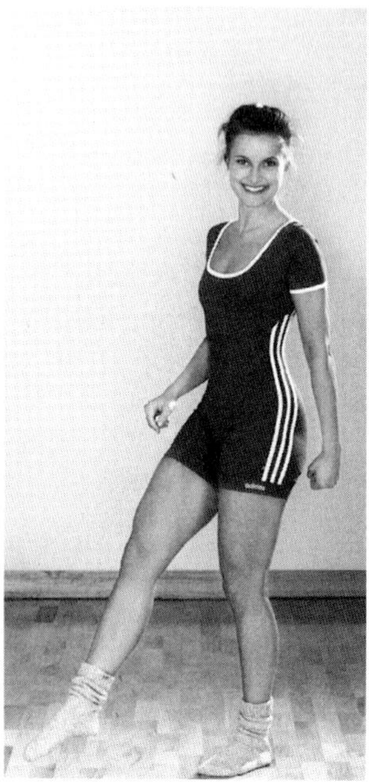

6) Fantasie und Kreativität

„Spieglein, Spieglein …“

Wenn Sie Ihre rechte Gehirnhälfte so richtig in Schwung bringen wollen, überlegen Sie einmal, in welchen außergewöhnlichen Situationen Ihnen ein Taschenspiegel nützlich sein könnte.

Beispiel:
Sie wollen vielleicht einen Liebesbrief lesen, der in Spiegelschrift geschrieben worden ist. Welche weiteren Situationen fallen Ihnen ein:

Denk mal

15	3	13	8
12	5	10	2
4	1	7	9
11	14	6	

Schiebepuzzle

Auch bei der heutigen „Denk mal“-Aufgabe sind beide Gehirnhälften gefragt. Sie sehen vier Reihen mit je vier Zahlenkarten. In der letzten Reihe ist eine Zahlenkarte durch einen Joker ersetzt worden. Versuchen Sie, die Karten in Gedanken so zu verschieben, dass waagerecht, senkrecht und diagonal beim Addieren von vier Kartenwerten die Summe 30 herauskommt. Es gibt mehrere Möglichkeiten. Finden Sie mindestens drei!
(Lösungshinweise Seite 244)

||| BRAIN-TIPP

Übung macht den Meister!

Je öfter Sie eine Aufgabe oder eine schwierige Situation vorher mental durchspielen, desto besser gelingt sie. Wenn Sie mit irgendeiner Arbeit oder der Erfüllung eines Wunsches, aber auch mit der Lösung von Problemen oder mit der Bewältigung von Angst und Sorge Erfolg haben wollen, konzentrieren Sie alle Ihre positiven Kräfte – also Ihre Gedanken – auf das eine Ziel. Ohne den Gedanken an Erfolg gibt es keinen Erfolg!

Memory

Atmen Sie tief ein und aus, bevor Sie in Ihrer Erinnerung kramen. Welche Geräusche aus Brain-Time 13 „hören“ Sie noch?

Stellen Sie sich hin, beugen Sie Ihren Rücken und versuchen Sie, mit den Fingerspitzen Ihre Füße zu berühren. Die Beine sind dabei gestreckt. Richten Sie sich wieder auf und strecken Sie sich. Wiederholen Sie die Geschäftstermine vom Anfang dieser Brain-Time so genau wie möglich.

Ernährungstipp: Trinken Sie grünen Tee statt Kaffee!

Grüner Tee regt die Gehirnzellen an, putscht jedoch nicht so auf wie Kaffee. Außerdem enthält grüner Tee Katechine gegen schädliche Bakterien, Flavonoide zur Stärkung der Blutgefäße, Fluoride, die Karies verhüten, Vitamin C, Vitamin E und B-Vitamine. Grüner Tee wird medizinisch zum Beispiel eingesetzt zur Senkung des Cholesterinspiegels und soll den Alterungsprozess verlangsamen. Grüner Tee wird nicht mit kochendem Wasser übergossen. Man lässt das Wasser auf etwa 60 bis 80 Grad abkühlen, bevor man den Tee übergießt und etwa 1 bis 2 Minuten ziehen lässt. Mit Orangenblütenhonig gesüßt schmeckt er vorzüglich.

Brain-Time 15

Wenn ein Problem immer wieder Ihre Gedanken gefangen nimmt und viel Energie kostet, stellen Sie sich dieses Problem als ein schweres Gewicht vor, das Sie hochheben und dann fallen lassen können.

1) Entspannung

Gehen Sie in die Hocke und heben Sie in Gedanken mit beiden Händen das schwere Gewicht langsam auf, erheben Sie sich und drücken Sie dieses Gewicht in Zeitlupe ganz nach oben, sodass Ihre Arme zur Decke gestreckt sind. Atmen Sie ruhig und gleichmäßig. Denken Sie daran, es ist sehr schwer, aber Sie schaffen es! Zählen Sie bis fünf und lassen Sie das Gewicht dann fallen. Danach schütteln Sie Arme und Beine aus. Wiederholen Sie die Übung 5-mal.

BRAIN-TIPP

So bekommen Sie ein perfektes Namensgedächtnis:

- Seien Sie so kreativ wie ein Werbefachmann! Reimen Sie zum Beispiel („Frau Heinen trägt buntes Leinen“) oder singen Sie den Namen mit einer bekannten Melodie.
- Sprechen Sie öfter Namen und Informationen rückwärts. Das stärkt Konzentration, Vorstellungskraft und Gedächtnis. Schreiben Sie Texte mit der linken Hand ab, aber rückwärts.
- Taucht ein und derselbe Name in Ihrem Bekanntenkreis öfter auf, machen Sie in Gedanken ein Gruppenfoto. Stellen Sie sich alle Personen mit demselben Namen gemeinsam auf einem Bild vor.
- Haben Sie beim Erinnern Schwierigkeiten, gehen Sie in Gedanken das Alphabet durch oder überlegen Sie, in welcher Situation Sie diesem Menschen begegnet sind.
- Denken Sie vor dem Einschlafen noch einmal an die neuen Gesichter und Namen!
- Wenn Sie sich sehr viele Namen merken müssen, legen Sie sich eine Namenskartei an. Auf den Namenskärtchen sollte nicht nur der Name, sondern auch der Ort des Kennenlernens, der Beruf, die Hobbys, der Wohnort, die Kinderzahl und so weiter vermerkt sein. Stecken Sie sich immer ein paar Kärtchen neuer Namen in die Tasche und schauen Sie sie in Leerlaufzeiten an.

2) Konzentration

Zahlensuche, aber flott ...

Wie schnell finden Sie alle Zahlen von eins bis dreißig?
Ist Ihr Gedächtnis so gut wie Ihre Konzentration? Testen Sie sich!
Malen Sie Gedankenbilder!

3) Merkfähigkeit

Prägen Sie sich die folgenden Begriffspaare ein, indem Sie wieder in Ihrer Vorstellung zwei Bilder miteinander verknüpfen. Je kreativer Sie dabei sind, desto besser. Haben Sie Mut zu merkwürdigen Bildern.

Blauer Reiter und Markstück
Goldenes Tor und Schornstein
Grüne Insel und Bewerbungsschreiben
Graue Maus und Chefsessel
Roter Faden und Kantine
Schwarze Hand und Taschentuch
Silberpfeil und Säge
Blaue Blume und Stacheldraht
Graue Eminenz und Orkan
Rotes Tuch und Einstellungsgespräch
Weiße Kohle und Terminplanung
Grüne Welle und Büroklammer
Gelbes Meer und Arbeitsamt
Schwarzes Brett und Scheckkarte
Rote Zahlen und Wirtschaft
Grüner Tisch und Bausteine
Blaue Grotte und Tageszeitung
Weiße Weste und Netzschaltung
Rosarote Brille und Gipfeltreffen
Goldener Käfig und Zeugnis

Bei dieser sogenannten Assoziationsmethode geht es darum, zwei oder mehr Begriffe bildhaft miteinander zu verbinden. Sind es mehrere Begriffe, die wie die Glieder einer Kette ineinandergreifen, spricht man von der Kettenmethode. Decken Sie die Begriffe ab und schreiben Sie die Begriffspaare auf, die Sie sich gemerkt haben. Kennen Sie noch alle Farbbegriffe der ersten Spalte?

4) Wort- und Wissensfindung

Unser nächstes Thema sind Liebe, Ehe und Partnerschaft.

a) Suchen Sie in 2 Minuten mindestens zehn Wörter zum Thema Liebe, Ehe und Partnerschaft, in denen die Buchstaben des Wortes GEHIRN vorkommen, wie zum Beispiel im Wort Heiratsanzeige.

b) Nennen Sie in 1 Minute möglichst viele bekannte Persönlichkeiten aus Film, Funk und Fernsehen, in deren Namen die Buchstaben e, h und e enthalten sind, wie zum Beispiel Genscher.

(Lösungshinweise Seite 244)

BRAIN-TIPP

Was Ihre Zehen mit dem Gehirn zu tun haben

Eine Zehenmassage kann das Denkvermögen fördern. In der Reflexzonenmassage entsprechen bestimmte Hautbereiche der Füße und Hände bestimmten Organen und Körperbereichen. Durch die Massage der Zehen können Sie das Gehirn positiv beeinflussen und sich ungemein entspannen.

5) Brain-Moving

Legen Sie eine Ihrer Lieblingsmelodien auf und bewegen Sie sich etwa 3 bis 5 Minuten im Rhythmus der Klänge. Überkreuzen Sie möglichst oft Arme und Beine – bauen Sie Gegenbewegungen ein!

Und nun können Sie unter die Erfinder gehen – als ein Erfinder von witzigen Vergleichen.

6) Fantasie und Kreativität

Witzige Vergleiche

Wenn Sie in Gesprächen eine Sache auf den Punkt bringen und die Lacher auf Ihrer Seite haben wollen, ist es nützlich, wenn Ihnen möglichst bildhafte, witzige Vergleiche einfallen. Im Folgenden haben Sie die Gelegenheit, sich darin zu üben.

Beispiel:

Erfolg ist für das Leben, was die Sahne für den Pflaumenkuchen ist.

Eine Frau passt zu einem Mann wie ______________________

Eine Blume im Haar der Sekretärin ist so wichtig wie __________

____

Ein Politiker ohne Worte ist wie ______________________

Ein Bett mit Krümeln ist wie ______________________

Ein Kamel mit Handy ist wie ______________________

Ein kreativer Chef ist wie ______________________

Ein Topf ohne Deckel ist wie ______________________

Ein Telefon ohne Klingel ist wie ______________________

||| BRAIN-TIPP

Damit Ihnen keine Idee durch die Lappen geht

Die besten Ideen kommen nicht auf Befehl, sondern oft dann, wenn wir gar nicht damit rechnen. Sie sollten immer Zettel oder ein Diktiergerät bei sich haben, um gute Gedanken und Einfälle festzuhalten. Schaffen Sie sich eine Ideenkartei an und legen Sie damit öfter „Patiencen“! Sie werden staunen, was Ihnen alles einfällt und wie schnell Sie viele Probleme in Zukunft lösen können.

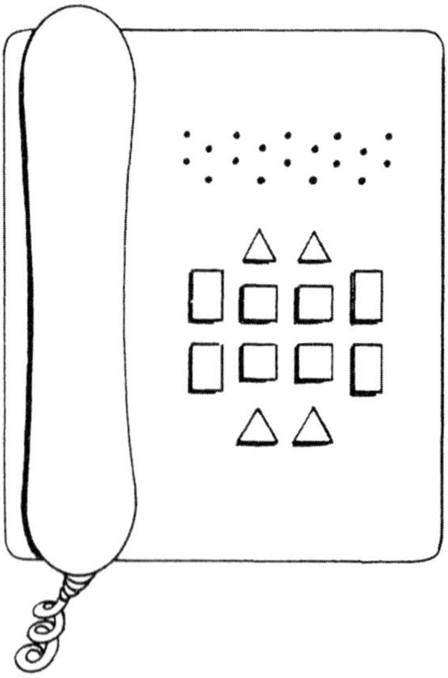

Denk mal

Auf Ihrem imaginären Tastentelefon sind die Zahlen von eins bis zwölf so verteilt, dass die Summen waagerecht und senkrecht und auf den gleichen Tastenformen immer 26 ergeben. Wie sieht die Tastatur Ihres Telefons aus? (Lösung auf Seite 244)

Memory

Welche Geschäftstermine der 14. Brain-Time sind Ihnen noch im Gedächtnis? Stellen Sie sich hin und atmen Sie 3-mal tief ein und aus. Strecken Sie sich zur Decke, als wollten Sie wieder einmal die Sterne vom Himmel holen. So, und nun zum zweiten Memory: Können Sie noch alle 20 Begriffspaare der heutigen Merkfähigkeitsübung nennen?

Ernährungstipp: Fruchtsalat für gute Nerven

Aprijonü

Mischen Sie
1 Becher Naturjoghurt
1 Eigelb
7 klein geschnittene Aprikosen
1 EL Honig
2 EL Weizenkeime
2 EL Walnüsse
Saft einer halben Zitrone

Dieser Power-Salat enthält alles, was Sie für gute und starke Nerven dringend benötigen: wichtige Aminosäuren und Calcium, Lecithin, Eisen und Vitamin C, Vitamin E, ungesättigte Fettsäuren, Selen, Zink und B-Vitamine.

BRAIN-NEWS

Erfolgreich gegen Stress II

Verspannungen bei der Schreibtischarbeit?
Beugen Sie mit einer einfachen Übung vor: Legen Sie eine Hand von oben auf die Tischplatte und die andere von unten. Nun drücken Sie die Hände ganz fest gegeneinander. Zählen Sie langsam bis fünf und lassen Sie los. Wiederholen Sie die Übung im Laufe des Tages, so oft Sie können. Vergessen Sie das gleichmäßige Atmen während der Übung nicht.

Entgiftung auf dem Rücken
Legen Sie sich auf den Rücken, winkeln Sie die Knie an und umschlingen Sie die Knie mit den Armen. Während Sie tief einatmen, lassen Sie locker, während Sie ausatmen, ziehen Sie die Knie fest an den Körper. Lassen Sie die Luft dabei total ausströmen, sodass Sie sich vollkommen ausgepresst fühlen. Diese Übung vertieft die Atmung und bringt die Schlacken transportierende Lymphe wieder in Schwung. (aus: Vital 8/96)

Das „Lieblingsplätzchen" als Energiequelle
Fotografieren Sie Ihr Lieblingsplätzchen in der Natur und hängen Sie das Bild im Arbeitszimmer so auf, dass Sie es öfter anschauen können. Dieser Blick entspannt und gibt neue Energie.

Schreiben hält fit
Es muss nicht gleich ein Buch sein, aber wenn Sie regelmäßig ihre Gedanken, Träume, Ideen und Wünsche zu Papier bringen, regen Sie Ihre Fantasie und Kreativität an, aktivieren Ihren Wortschatz und sehen viele Dinge in neuem Licht, aus einem anderen Blickwinkel. Problemlösungen werden leichter und konkretisierte Wünsche können besser realisiert werden.

Fühlen Sie sich „baumstark"!
Wenn Sie ausgeglichen, entspannt und gelassen sein möchten, probieren Sie die „Baumhaltung". Stellen Sie sich barfuß hin und gehen Sie ganz leicht in die Knie. Verlagern Sie dann das Gewicht locker von einem Fuß auf den anderen, strecken Sie Ihre Arme nach oben, und lassen Sie nun Ihre Hände spielerisch wie Äste im Wind wehen. (aus: Vital 6/96)

Fit durch Rosmarin
Ein warmes Bad entspannt und lässt Sie den Alltag vergessen. Wenn Sie gleichzeitig die Durchblutung des Körpers und damit auch des Gehirns anregen wollen, nehmen Sie ein Rosmarinbad. Danach sind Sie wieder fit für große Taten. Wenn Sie Beruhigung und guten Schlaf suchen, verwenden Sie Melisse oder Lavendel als Badezusatz.

Shiatsu
Das ist eine japanische Massagetechnik, deren Name von „shi" gleich Finger und „atsu" gleich Druck herrührt, also „Fingerdruck" bedeutet. Hintergrund des Shiatsu ist die chinesisch-japanische Vorstellung, dass der Körper von Energiebahnen – sogenannten Meridianen – durchzogen ist, durch die Lebensenergie (chinesisch „qi") fließt.

Ginkgo biloba zur Verbesserung der Denkleistung
Die Wirkstoffe dieser Pflanze führen zu einer besseren Sauerstoffaufnahme in den Zellen, machen das Blut flüssiger und lassen es schneller strömen, wirken gegen freie Radikale und stabilisieren die Kapillaren. Damit werden die Gehirnzellen besser versorgt und sind leistungsfähiger.

Spannungskopfschmerzen
Eine Studie der Kieler Universität ergab, dass großflächig auf Stirn und Schläfen aufgetragenes Pfefferminzöl ebenso schnell und stark wirkt wie ein Gramm des Schmerzmittels Paracetamol.

Beine hoch!
Sie fühlen sich schnell wieder fit, wenn Sie für einige Minuten die Beine hochlegen, einen Kopfstand machen oder in der Luft Rad fahren. Diese Übungen regen den Kreislauf an.

Probleme lösen mit einem Stuhl
Wenn Sie Probleme wälzen und sich mit Ihren Gedanken immer wieder im Kreis drehen, setzen Sie sich auf einen Stuhl und stellen Sie einen zweiten genau gegenüber. Stellen Sie sich vor, auf diesem Stuhl sitzt ein guter Freund, ein weiser alter Mann oder Ihre kluge, erfahrene Großmutter. Erzählen Sie der imaginären Person ganz in Ruhe Ihr Problem. Beleuchten Sie es von allen Seiten. Dann atmen Sie einige Male tief ein und aus, setzen sich auf den anderen Stuhl und geben sich aus der Position des oder der anderen einen Rat.

Liebe geht durch den Magen
Kein bloßes Sprichwort, sondern Tatsache: Nach einem guten Essen werden im Gehirn Stoffe (Endorphine) freigesetzt, durch die mehr Zuwendung und Aufmerksamkeit möglich ist, die entspannen und ein wohliges Gefühl erzeugen können.

Fingerübungen für Computerfreaks
Wer stundenlang am Computer sitzt, sollte auch seinen Händen zwischendurch eine aktive Pause gönnen. Stellen Sie sich vor, wie Sie einen Hefeteig oder Ton geschmeidig kneten (etwa 2 Minuten). Atmen Sie dabei tief ein und aus. Während Ihre Finger wieder locker werden, bauen Sie Stress ab und fördern die Durchblutung des Gehirns.

Schütteln Sie Ihre Sorgen ab!
Stellen Sie sich Ihre Sorgen und Probleme wie Kletten vor, die an Armen und Beinen heften und die Sie mit kräftigen, schwungvollen Bewegungen abschütteln beziehungsweise abstreifen können.

Brain-Time 16

Jeder Tag ist neu! Wenn Sie bisher nicht regelmäßig trainiert haben, so können Sie es ab sofort tun.

1) Entspannung

Stellen Sie sich heute in Schrittstellung vor eine Wand und stützen Sie sich mit den Händen ab. Beugen Sie das hintere Bein, bis Sie die Dehnung spüren. Die Ferse bleibt am Boden. Zählen Sie bis fünf und lassen Sie los. Schütteln Sie Arme und Beine aus und wiederholen Sie die Übung 3- bis 5-mal.

2) Konzentration

Bei der folgenden Konzentrationsübung gilt es, eine Geheimschrift zu entschlüsseln, die Ihnen wichtige Informationen liefert.
Zahlen = Buchstaben

1	2	3	4	5	6	7	8	9	0
T/D	N	M	R	L	SCH/X	G/K	F/V	B/P	S/Z

Entschlüsseln Sie zunächst die folgenden drei Sprüche möglichst schnell:

I21EI2E3I22E42I01EI2EQUE
55E1IE2IE8E40IE71WE221U
2U40U74A9E28E401EH01

5U01U215IE9E0I211IE8I11IC
HE0U74O00E21A1E2

2U4WE45E4210ICH0U5A00E
2WI417E5A00E2

3) Merkfähigkeit

Krawatten, Blusen & Co.

Stellen Sie sich vor, Sie halten eine Rede und wollen sich die Damen und Herren in der ersten Reihe genau einprägen. Wichtig ist, wer neben wem sitzt, was in diesem Fall auf enge Zusammenarbeit schließen lässt.

In der Mitte sitzt ein Herr mit einer schwarzweißgepunkteten Krawatte, links neben ihm sitzt eine Dame in einer feuerroten Seidenbluse. Der Herr rechts von der Mitte trägt eine dunkelgrüne Krawatte mit einem goldenen Stern, und der Herr rechts neben ihm hat eine graue Fliege mit schmalem violettem Rand. Die Dame rechts daneben trägt eine weinrote Samtjacke über ihrer weißen Spitzenbluse. Sie passt gut zu dem Herrn rechts neben ihr, der ein nachtblaues Tuch mit winzigen roten Vierecken umgebunden hat. Der Herr, der links der Mitte sitzt, trägt eine kornblumenblaue Krawatte mit einem gelben Muster und den Herrn an seiner linken Seite schmückt eine schreiend bunte Batikkrawatte. Die Dame links neben ihm liebt ebenfalls grelle Farben. Ihre Bluse ist orange mit giftgrünen Streifen.

Zählen Sie rückwärts von dreißig alle Zahlen, die eine Ziffer enthalten, die durch drei teilbar ist, und versuchen Sie dann, die erste Reihe vor Ihrem geistigen Auge so genau zu sehen, dass Sie Krawatten, Blusen & Co. beschreiben können.

4) Wort- und Wissensfindung

Frauenmagazin

a) Heute geht es noch einmal darum, aus den Buchstaben eines bestimmten Wortes möglichst schnell viele neue Wörter zu bilden. Diesmal soll das Wort „Frauenmagazin“ Sie zum Denken anregen … Wie viele Wörter finden Sie in 2 Minuten?

____

____

____

(Lösungsvorschläge auf Seite 245)

||| BRAIN-TIPP

Allerlei nützliche Hilfen

- Nehmen Sie bewusst gewisse Farben wahr! Was ist zum Beispiel in Ihrem Umfeld gelb wie eine Banane?
- Malen Sie zu den Informationen, die Sie sich merken wollen, Skizzen oder Bilder!
- Unterstreichen Sie in Ihren Notizen wichtige Fakten, rahmen Sie sie ein oder schreiben Sie sie in Druckschrift. Benutzen Sie verschiedene Farben.
- Setzen Sie Zeichen! Für die Texterarbeitung ist es sinnvoll, beim ersten Überblicklesen den Text mit Randzeichen zu versehen.

Wenn Sie sich noch stärker fordern wollen, suchen Sie Wörter mit mehr als vier Buchstaben. Oder Sie schreiben sich das Wort „Frauenmagazin“ nicht auf und versuchen im Kopf, die Buchstaben zu neuen Wörtern zusammenzusetzen. Dies ist eine gute Übung vor dem Aufstehen, ganz besonders für Menschen mit niedrigem Blutdruck. Der Kreislauf kommt langsam in Schwung und spätestens beim Frühstück sind Sie fit für den Tag. Außerdem trainieren Sie so Ihr Vorstellungsvermögen und können leichter und schneller Informationen in Bilder verwandeln.

b) Gesucht werden berühmte Frauen von A bis Z in 2 Minuten; es sind Vornamen und Nachnamen erlaubt. Stoppen Sie die Zeit!

____

____

____

Falls Ihnen für X und Y oder einen anderen Buchstaben zunächst kein Name eingefallen ist, machen Sie eine Pause und überlegen Sie anschließend noch 1 Minute weiter, bevor Sie im Lösungsteil (Seite 245) nachschauen.

5) Brain-Moving

Legen Sie wieder eine Ihrer Lieblingsmelodien auf und heben Sie 3 Minuten lang im Wechsel das linke und das rechte gestreckte Bein, so hoch es geht, während Sie mit der Hand des gestreckten Arms der jeweils anderen Körperseite das erhobene Knie berühren. Dabei kommen beide Gehirnhälften so gut in Schwung, dass Sie danach leicht kreative Werbeslogans erfinden können.

6) Fantasie und Kreativität

Werbeslogans mit Vitamin

Finden Sie möglichst schnell drei originelle „Vitaminsätze", bei denen die Wörter mit den Buchstaben des Wortes „Vitamin" beginnen:

Beispiel:
Viele internationale Topmanager arbeiten mit interessanten Neuheiten.

____

____

____

____

Denk mal

Ein Freund drückt Ihnen zwei ovale Pappscheiben in die Hand, eine rote und eine grüne. Jede Scheibe hat in der Mitte ein ovales Loch. Sie sollen die Scheiben so zerlegen und wieder zusammensetzen, dass Sie am Ende einen rot-grünen Kreis erhalten.

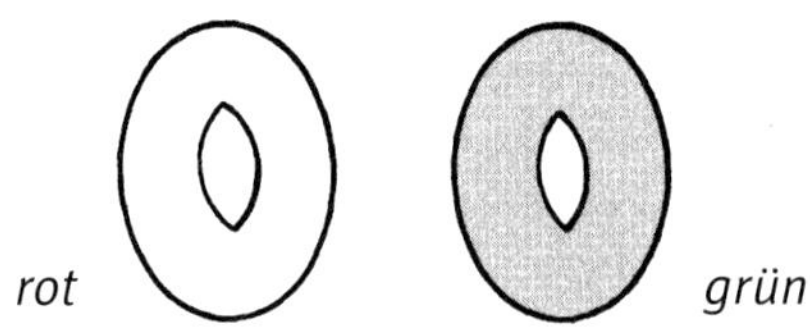

Für die Lösung dieser „Denk mal"-Aufgabe wie auch für ein ausgezeichnetes Gedächtnis müssen Sie Ihr Vorstellungsvermögen optimal aktivieren. Die Lösung können Sie auf Seite 245 nachschlagen.

Memory

Welche Gedankenbilder entstehen vor Ihrem geistigen Auge, wenn Sie an Brain-Time 15 denken?
Atmen Sie 3-mal tief ein und aus und wiederholen Sie dann noch die Kleidungsstücke der heutigen Merkfähigkeitsübung in der richtigen Reihenfolge.

Ernährungstipp: Ein super Power-Drink

In diesem Power-Drink ist alles drin, was Sie geistig optimal leistungsfähig macht. Neben viel Vitamin C im Sanddornsaft und Calcium und Aminosäuren in der Milch enthält das Getränk Lecithin, Mineralstoffe und Vitamin E in den Weizenkeimen und Selen, Chrom und Vitamine der B-Gruppe in der Bierhefe.

Die wasserlöslichen B-Vitamine sind ganz besonders wichtig für das Gehirn. Vitamin B_1 (Thiamin) ist notwendig, da Glucose nur „verbrannt“ werden und Energie erzeugen kann, wenn es beteiligt ist. Außerdem scheint es auch ein Antioxidans zu sein. Die B_2-Vitamine (Riboflavin, Niacin, Folsäure und Pantothensäure) sind verantwortlich für die Umhüllung der Nervenfasern durch Myelin, außerdem für die schnelle Weiterleitung der Nervenimpulse. Zudem sind sie unentbehrlich in Stresssituationen. Das Vitamin B_6 (Pyridoxin) reguliert den Zellstoffwechsel. Die Neurotransmitter Serotonin und Dopamin können nur in Anwesenheit von Vitamin B_6 produziert werden. Vitamin B_{12} ist unter anderem bedeutungsvoll für den Stoffwechsel und die Bildung der roten Blutkörperchen, die wiederum für den Sauerstofftransport verantwortlich sind. Nehmen Sie deshalb als Nahrungsergänzung beziehungsweise bei der Nahrungszubereitung regelmäßig Hefepräparate.

Lesano	1 Glas Vollmilch	1 EL Lecithin-Granulat
	3 EL Sanddornsaft	1 EL Weizenkeime
	1 EL flüssige Bierhefe	

Brain-Time 17

Können Sie von Ihrem Arbeitsplatz im Frühjahr und Sommer eine bunte Blumenwiese sehen oder hängt ein Foto Ihres Lieblingsplätzchens an der Wand? Weder – noch? Dann müssen Sie Abhilfe schaffen, denn der Blick darauf vermindert Stress und gibt neue Energie. Aber nicht nur bei der Arbeit sind Bilder mit einer wohltuenden Atmosphäre wirkungsvoll, sondern auch im Schlafzimmer. Beginnen Sie Ihren Tag, indem Sie ein entspannendes und gleichzeitig aktivierendes Bild anschauen.

1) Entspannung

Sorgen Sie für ruhige, entspannende Musik. Knien Sie sich auf den Fußboden und setzen Sie sich auf die Fersen. Beugen Sie sich so weit wie möglich nach vorn, während Ihre Hände nach hinten zeigen. Atmen Sie tief ein und aus. Beim nächsten Einatmen richten Sie sich ganz langsam auf, und beim Ausatmen lassen Sie sich wieder nach vorne fallen. Wiederholen Sie die Übung 5-mal.

2) Konzentration

Ein einziges Liniengewirr

Viele Wege führen nach Rom, aber in der nächsten Übung führt jeweils nur ein Weg vom Start zum Ziel. Finden Sie sich in diesem Gewirr von Linien zurecht? Schaffen Sie es, in 30 Sekunden festzustellen, zu welchen Telefonen die Kabel jeweils führen? Stift- oder Fingerbenutzung ist nicht erlaubt. Zeit läuft!

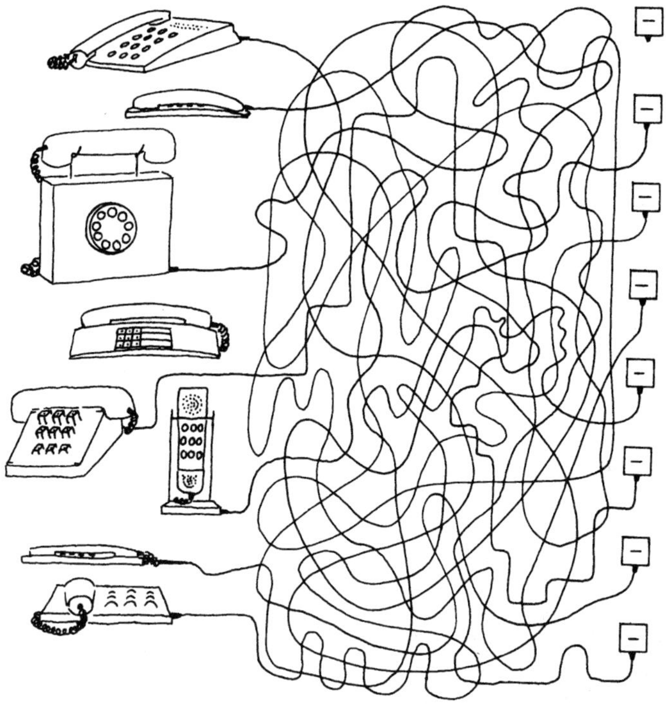

3) Merkfähigkeit

Alle Assoziationen erlaubt

In der Konzentrationsübung haben Sie Start und Ziel verbunden, jetzt sollen Sie jeweils zwei Begriffe so bildhaft wie möglich miteinander verknüpfen. Welche Bilder fallen Ihnen spontan zu den folgenden Begriffen ein? Zu dem Begriff „Zerstreutheit" könnte Ihnen zum Beispiel eine Brille im Kühlschrank einfallen. Prägen Sie sich Ihre spontanen Bilder zu den vorgegebenen Begriffen ein, indem Sie die spontanen Gedankenbilder mit den Wortbildern verknüpfen. Sie haben dafür maximal 2 Minuten Zeit.

Stress – ______________________

Kooperation – ______________________

Mythos – ______________________

Nostalgie – ______________________

Transzendenz – ______________________

Symposium – ______________________

Reklamation – ______________________

Präzision – ______________________

Negation – ______________________

Marketing – ______________________

Sympathie – ______________________

Referenz – ______________________

Klappen Sie das Buch zu und wiederholen Sie Ihre Verknüpfungen. Haben Sie mindestens zehn der Pärchen noch gewusst? Sehr gut! Wenn Sie bei dieser Aufgabe Schwierigkeiten hatten, üben Sie verstärkt das Malen von Gedankenbildern und visualisieren Sie so oft wie möglich Wortbilder. Bei der nächsten Aufgabe haben Sie gleich Gelegenheit dazu.

4) Wort- und Wissensfindung

a) Versteckte Akte

Gesucht werden in 2 Minuten möglichst viele Wörter, in denen die Buchstaben a, k, t und e in dieser Reihenfolge vorkommen.

____

____

____

____

____

b) Fallen Ihnen die Fremdwörter für die folgenden Begriffe spontan ein?

feierlicher Vorspruch – ____________________

Unzulänglichkeit – ____________________

Rundbau – ____________________

Eingebung, Erleuchtung – ____________________

Erneuerung – ____________________

Steindruck – ____________________

Huldigung – ____________________

Vertriebsleiter – ____________________

Schlusswort, Nachwort – ____________________

Lösungshinweise zur 4. Übung finden Sie auf Seite 246.

5) Brain-Moving

Strecken Sie Ihr linkes Bein und heben Sie es ein wenig an. Lassen Sie Ihren linken Fuß linksherum kreisen, während Sie gleichzeitig Ihren linken gestreckten Arm rechtsherum kreisen lassen (etwa 3 Minuten).

6) Fantasie und Kreativität

Lippenstift für den Notfall

Auch wenn Sie keinen Lippenstift benutzen, stellen Sie sich vor, Sie tragen immer einen orange-roten Lippenstift bei sich. In welchen außergewöhnlichen Situationen könnte Ihnen ein Lippenstift nützlich sein? Finden Sie in 2 Minuten mindestens zehn außergewöhnliche Situationen.

______________________ ______________________

______________________ ______________________

______________________ ______________________

______________________ ______________________

______________________ ______________________

______________________ ______________________

Mit dem Lippenstift könnten Sie auch das folgende Strichproblem lösen. Sie können jedoch auch einen einfachen Kugelschreiber benutzen. Hauptsache, Sie schaffen es.

Denk mal

Ein einziges Strichproblem

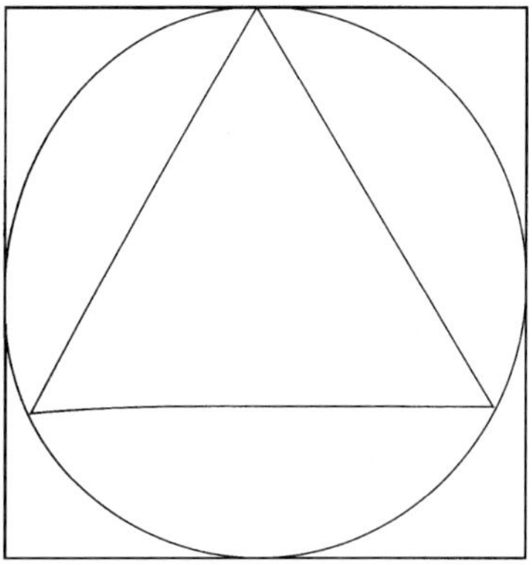

Zeichnen Sie die folgende Figur, indem Sie mit dem Stift nicht absetzen und keine Linie zweimal zeichnen. Der Mathematiker Leonard Euler hat solche Strichzeichnungen bereits 1775 wissenschaftlich untersucht. Nach ihm werden sie „Eulersche Wanderungen“ genannt.

Atmen Sie 3-mal tief ein und aus und machen Sie 10 Kniebeugen, bevor Sie Ihr Gehirn für das Memory aktivieren. Sollten Sie unser Strichproblem nicht gelöst haben, schlagen Sie auf Seite 246 nach.

Memory

Ist Ihnen die Kleidung der Damen und Herren in der ersten Reihe noch in Erinnerung? Zählen Sie sie nacheinander auf. Haben Sie sich auch die Gedankenbilder von heute gut eingeprägt? Also: Welche sind es?

Ernährungstipp: Heidelbeeren fürs Gehirn

Heitrobu
250 Gramm Heidelbeeren
125 Gramm Trockenobst
1 Glas Buttermilch
1 EL Honig
Saft einer Orange
2 EL Haferflocken
1 EL Kokosraspel

Heidelbeeren stärken die Gefäßwände und sorgen für eine gute Durchblutung des Gehirns. Die Stoffe der Heidelbeere sorgen für eine gute Nachrichtenübermittlung. Haferflocken helfen bei Erschöpfung und damit verbundenen Konzentrationsproblemen und wirken gleichfalls durchblutungsfördernd.

Brain-Time 18

Auch heute sollen Sie ordentlich gefordert werden, auf dass Ihre grauen Zellen tüchtig ins Schwitzen geraten. Sie wissen ja, wer rastet, der rostet. Also ran an den Speck …

1) Entspannung

Legen Sie ruhige, entspannende Musik auf. Setzen Sie sich hin und legen Sie die Hände vor sich auf den Tisch. Beugen Sie sich ganz tief hinab und atmen Sie aus. Während Sie anschließend wieder tief einatmen, heben Sie langsam den Kopf, bis Sie ganz aufrecht sitzen. Wiederholen Sie diese Übung 5-mal.

2) Konzentration

Lesen Sie den folgenden Text, bei dem sämtliche Vokale sowie Kommas und Satzpunkte fehlen, so schnell wie möglich und versuchen Sie gleichzeitig, den Inhalt zu erfassen.

D.. Sch..sp..l.r.n l.bt. v.m 23 S.pt.mb.r 1938 b.s z.m 29 M..
1982 S.. w.rd. b.r..ts .ls 17-J.hr.g. b.r.hmt l.bt. sp.t.r .n Fr.
nkr..ch .rr..chte .nt.rn.t..n.l. .n.rk.nn.ng .n .nsg.s.mt 58 F.lm.n
.n .ft d.ff.r.nz..rt.n Ch.r.kt.rr.ll.n .nd w.r z.gl..ch ..n. ..ß.rg.
w.hnl.ch. Fr...np.rs.nl.chk..t m.t .nt.r.ss.nt.n ..ff.ss.ng.n b..sp..
lsw..s. .chl..b. .s b.s .n d.. Gr.nz.n d.s M.gl.ch.n z. g.h.n

Wissen Sie, um wen es sich in dem Text handelt? Die Lösung finden Sie auf der Seite 246.

BRAIN-TIPP

So schulen Sie den Blick fürs Detail

Betrachten Sie öfter einmal einen beliebigen Gegenstand, ein Plakat oder ein Bild 1 Minute ganz intensiv und achten Sie auf Kleinigkeiten.

3) Merkfähigkeit

Die Zahlen-ABC-Methode

Verknüpfen Sie mit viel Fantasie die Zahlen und ABC-Begriffe so intensiv miteinander, dass Sie sie jederzeit mühelos abrufen können.

1 = Antenne	6 = Flagge
2 = Bikini	7 = Geige
3 = Cola	8 = Herz
4 = Dach	9 = Insel
5 = Ellipse	0 = Joghurt

Sprechen Sie die Zahlwörter von null bis neun rückwärts. Decken Sie die Zahlen und Wörter oben ab und schreiben Sie die verknüpften Zahlwörter auf.

____

____

____

____

Auch mit dieser Übung haben Sie eine Gedächtnistechnik kennengelernt, die Sie im Alltag vorzüglich einsetzen können – beim Speichern von Telefonnummern, Geheimzahlen, Geburtstagen und vielen anderen Daten.

Beispiel: Ihre Geheimnummer könnte sein:

9	8	0	1	5	8	6	1	5
I	H	J	A	E	H	F	A	E

Aus diesen Buchstaben könnten Sie den Satz „Ich habe jeden Abend eine hübsche Frau am Esstisch“ bilden. Noch ein Beispiel: Sie wollen sich die Telefonnummer eines Kollegen merken. Sie lautet:

3	5	9	4	2	9	8
C	E	I	D	B	I	H

Ihr Merksatz könnte lauten: „Computer ertrinken in der Badewanne immer häufiger.“ Zugegeben, das ist ein verrückter Satz, aber je mehr Sie bei Ihren kreativen Satzschöpfungen lachen müssen, umso besser.

4) Wort- und Wissensfindung

a) Finden Sie so schnell wie möglich Bürotätigkeiten (im weitesten Sinne) mit jeweils sechs Buchstaben, die mit den Buchstaben des Wortes „Gehirnjogging“ beginnen:

G = GÄHNEN	J = ______
E = ______	O = ______
H = ______	G = ______
I = ______	G = ______
R = ______	I = ______
N = ______	N = ______
	G = ______

Wenn Sie sich noch ein wenig mehr fordern wollen, suchen Sie Wörter zum Thema „Büro" und erschweren die Aufgabe, indem die Wörter nicht nur die gleiche Buchstabenanzahl haben, sondern auch die Endbuchstaben ein sinnvolles Wort ergeben müssen.

b) Um welche Fremdwörter könnte es sich bei den untenstehenden Wortresten handeln? Sie haben 1 Minute Zeit!

__________ ati __________ __________ uba __________

__________ nie __________ __________ ign __________

__________ nsi __________ __________ tok __________

__________ slo __________ __________ pti __________

__________ nis __________ __________ ote __________

__________ atr __________ __________ tro __________

Lösungsideen können Sie auf Seite 247 nachschlagen.

5) Brain-Moving

Stellen Sie sich aufrecht mit überkreuzten Beinen hin und atmen Sie tief ein und aus. Strecken Sie Ihre Arme in Schulterhöhe nach vorn und schwingen Sie sie so weit nach hinten, dass sich die Hände berühren. Während Sie dann die Arme wieder so weit nach vorn schwingen, dass sich die Fingerspitzen berühren, hüpfen Sie und wechseln die Überkreuzstellung. Wiederholen Sie diesen Bewegungsablauf 5-mal und denken Sie an die Übung zur Merkfähigkeit in Brain-Time 17 (Wort- und Gedankenbilder).

6) Fantasie und Kreativität

Zu viele Kugelschreiber

Stellen Sie sich vor, Sie bekommen zur Feier der dreißigjährigen Firmenzugehörigkeit dreißig Kugelschreiber geschenkt. Was könnten Sie als kreativer Mensch damit machen außer schreiben?

Nichts Genaues? Dann probieren Sie doch mal die folgende Aufgabe mit Kugelschreibern.

Denk mal

Streichholzquadrate

Legen Sie zunächst zwölf Streichhölzer so aus wie in der Abbildung. Dann entfernen Sie zwei Streichhölzer, um damit nur zwei Quadrate zu erhalten. Schlagen Sie gegebenenfalls die Lösung auf Seite 247 nach – aber natürlich erst, nachdem Sie sich selbst an ihr probiert haben.

Ernährungstipp: Anti-Stress-Nachtisch	
Mandelreis 3 Tassen gekochter Milchreis 3 EL gehackte Mandeln 1 EL Sonnenblumenkerne 1 Tasse Himbeeren 1 Tasse Brombeeren 1 EL Honig	Mandeln enthalten viel Magnesium, das in Stresszeiten besonders wichtig ist. Der Serotoninspiegel steigt durch Reis und Honig und es kommt zur Beruhigung und Entspannung.

Memory

Welche Gedankenbilder sehen Sie vor Ihrem geistigen Auge? Können Sie auch noch den Schreibtisch mit allen Einzelheiten beschreiben?

Brain-Time 19

Die heutige Entspannungsübung stimuliert die Reflexzonen im Ohr, die mit bestimmten Körperfunktionen verbunden sind.

1) Entspannung

Setzen Sie sich bequem auf einen Stuhl und massieren Sie beide Ohrmuscheln gleichzeitig, bis sie angenehm warm werden und Sie sich wohlig entspannt fühlen. Nehmen Sie die Ohrmuscheln zwischen Daumen und Zeigefinger und streichen Sie die Ohren von innen nach außen. Bewegen Sie Ihre Finger abwärts bis zum Ohrläppchen und dann wieder aufwärts. Die Ohren dabei nicht vom Kopf wegziehen, sondern nach hinten streichen. Wenn Sie sich richtig entspannt fühlen, atmen Sie 3-mal tief ein und aus, strecken und recken sich. Jetzt sind Sie fit für die folgenden Übungen.

2) Konzentration

Lesen Sie den folgenden Text so schnell wie möglich und erfassen Sie gleichzeitig den Inhalt.

eniek ecnahc med ssertssgnufürp ej resseb eis tetierebrov dnis otsed renessaleg dnis eis otsed regihur tsi rhi nessiweg thcin eid eznag tiez rov red gnufürp frad tnalprev nedrew ieb red gnunalpnrel dnis netiezsgnulohredeiw uz negithciskcüreb nie uabfuaffots tsi githciw ezruk etnangärp negnussafnemmasuz nrethcielre sad nenrel zruk rov red gnufürp etllos niek reuen ffots rhem tnreleg nedrew negas eis hci effahcs sad

Wenn Sie weniger als 60 Sekunden zum Lesen des Textes gebraucht haben und den Inhalt jetzt wiedergeben können, sind Ihre Konzentration und Ihr Gedächtnis ausgezeichnet. Die nächste Übung wird für Sie nicht schwierig sein.

3) Merkfähigkeit

Können Sie sich gut an bestimmte Formen eines Gegenstandes erinnern? Diese Übung ist ein ausgezeichnetes Training. Prägen Sie sich die Formen aus nebenstehender Abbildung in 30 Sekunden so gut ein, dass Sie sie morgen noch zeichnen können.

4) Wort- und Wissensfindung

a) Fünf auf einen Streich

Finden Sie in 3 Minuten möglichst viele Wörter, in denen alle fünf Vokale a, e, i, o und u vorkommen.

Beispiel: Autoreifen …

____

____

____

____

Wer sich noch ein wenig mehr fordern will, sucht Wörter, bei denen diese Vokale genau in der angegebenen Reihenfolge auftauchen.

Beispiel: Arbeitslosenunterstützung …

---

b) Aller guten Dinge sind drei
Welche Sportarten kennen Sie, in denen mindestens drei Vokale vorkommen?

Lösungsvorschläge zur 4. Übung finden Sie auf Seite 247.

5) Brain-Moving

Luftboxen
Stellen Sie sich ganz locker hin und boxen Sie etwa 3 Minuten abwechselnd mit der linken und der rechten Faust in die Luft, und zwar so kräftig, wie Sie können. Wenn Ihnen jetzt ein wenig die Puste ausgegangen ist, legen Sie sich hin und träumen von Ihrem nächsten Urlaub.

Fantasie und Kreativität

Stellen Sie sich vor, wie Sie im Urlaub am Strand liegen und Ihrem Kollegen Otto einen lustigen Brief schreiben, in dem jedes Wort mindestens ein o enthält. Wie könnte dieser Brief lauten?

Hallo, Otto ...

____

____

____

____

Denk mal

Hausproblem

Stellen Sie sich vor, Sie haben sich vor Jahren einen wunderbaren kleinen Bungalow gebaut, und nun ist die Familie größer und das Haus zu klein geworden. Sie wollen die Quadratmeterzahl unbedingt verdoppeln, können das Haus jedoch nicht so einfach ausbauen, da der Dachausbau von der Baubehörde nicht genehmigt wird. Eine weitere Schwierigkeit sind die vier Eichen, die jeweils genau an den Hausecken stehen und die unter Schutz gestellt worden sind. Haben Sie trotzdem eine Idee? (Lösung Seite 248)

Atmen Sie tief ein und aus und lassen Sie 10-mal Ihre Schultern kreisen, 5-mal nach vorn und 5-mal nach hinten. Wie steht es heute mit Ihrem Gedächtnis?

Memory

Erinnern Sie sich noch an die Zahlen-ABC-Methode?

Malen Sie die Formen der heutigen Merkfähigkeitsübung so genau wie möglich. Wenn Sie sich noch mehr fordern wollen, malen Sie sie mit der linken Hand, wenn Sie Rechtshänder sind.

Ernährungstipp: Mandeln und Nüsse, wenn nichts mehr geht

Nusscocktail

200 Gramm Trockenobst
50 Gramm Nüsse
50 Gramm Mandeln
50 Gramm Sonnenblumenkerne

Knabbern Sie sich fit mit Studentenfutter!

BRAIN-NEWS

Brain-Food statt Fast Food

Freie Radikale

Das sind zum einen Abfallprodukte des Stoffwechsels; zum anderen entstehen sie durch Umweltbedingungen im Körper wie auch in der Nahrung, Sie greifen die Zellmembranen an und können Körper- und Gehirnzellen schädigen. Antioxidantien und Enzyme versuchen, freie Radikale unschädlich zu machen. Sie können diesen Prozess durch eine entsprechende Ernährung unterstützen:

- Meiden Sie hochgradig erhitzte Fette und alte Fette. Achten Sie darauf, dass Nahrungsmittel (zum Beispiel Butter) so wenig wie möglich dem Luftsauerstoff und dem Sonnenlicht ausgesetzt sind.
- Ihre Ernährung sollte vor allem die Vitamine A, C, E, B_1, B_2, B_6, B_{12} und die Mineralstoffe Selen und Zink enthalten.

Biotreibstoff Kreatin

Die Aminosäure Kreatin ist der wichtigste Speicher für schnelle Energie und ein Hilfsmittel gegen Stress. Kreatin kommt in Fleisch und Fisch vor.

Schlapp durch falsches Essen

Vollwertige Kohlenhydrate (Vollkornprodukte) vor und während geistiger Aktivitäten erhöhen die Konzentration und lassen Sie weniger Fehler machen! Weißbrot, Brötchen, Kuchen und andere Süßigkeiten am Morgen mindern die Leistungsfähigkeit.

(J. Holler: „Das neue Gehirn“, siehe Literatur Seite 252)

Durch Süßigkeiten wird der Blutzuckerspiegel kurzfristig erhöht und fällt dann extrem ab. Es kommt zur Unterzuckerung mit den Folgen Konzentrationsschwäche, Müdigkeit, Schwindelanfällen oder sogar Depression, in manchen Fällen auch Aggressivität.

Zucker ist ein sogenannter „Vitamin-B-Fresser“. Dieses Vitamin ist für die Nervenfunktion besonders wichtig. Süßigkeiten sorgen zunächst für eine Erhöhung des Serotonin-Spiegels (Neurotransmitter), was Beruhigung und Wohlbefinden auslöst.

Je glücklicher und ausgeglichener Sie sind, desto seltener haben Sie Lust auf Süßigkeiten!

(J. Holler: „Das neue Gehirn“)

Trinken, trinken, trinken ...

Sorgen Sie dafür, dass Ihre Gehirnzellen nicht austrocknen, und trinken Sie 2 bis 3 Liter pro Tag. Auch bei mangelnder Flüssigkeit kommt es zu Konzentrationsstörungen und Vergesslichkeit.

Halten Sie sich an scharfe Sachen!

Essen Sie öfter mal scharfe Gerichte mit Curry, Pfeffer, Chili, Peperoni und so weiter. Ihre Stimmung verbessert sich, denn scharfe Gewürze regen die Produktion von Endorphinen (Glücksstoffen) an.

China-Syndrom

Vermeiden Sie Nahrungsmittel, die Natrium-Monoglutamat enthalten (in vielen Fertiggerichten, Suppenwürfeln, Saucenpulvern), denn dieser Stoff hat negative Auswirkungen auf das Gehirn. Kurzfristig kann es zu Müdigkeit, Kopfschmerzen und schlechter Laune kommen. Langfristig sind Schädigungen der Nervenzellen möglich. Da besonders bei der Zubereitung chinesischer Speisen oft sehr viel Glutamat verwendet wird, spricht man vom „China-Syndrom".

Wunderstoff Acetylcholin

Acetylcholin, ein sogenannter Neurotransmitter, ist wichtig für höhere geistige Leistungen, nimmt bei regelmäßigem Training zu und führt zu vermehrter Endorphin-Ausschüttung. Mangel an Acetylcholin bewirkt Gedächtnisverlust und verringert die geistige Leistungsfähigkeit. Zur Bildung von Acetylcholin wird Cholin benötigt, das in der Leber gespeichert wird und im Lecithin mit der Nahrung aufgenommen wird (Eigelb, Nüsse, Hülsenfrüchte, Schokolade, Getreide).

Brain-Time 20

1) Entspannung

Legen Sie sich auf den Rücken und recken und strecken Sie sich zunächst, während Sie tief ein- und ausatmen. Spannen Sie nun die Arme und Beine ganz fest an, zählen Sie langsam von 1 bis 5 und lassen Sie wieder los. Spüren Sie, wie Sie schwer und entspannt in die Unterlage sinken. Wiederholen Sie diese Übung 5-mal, bevor Sie zum heutigen Konzentrationstraining übergehen.

2) Konzentration

Schließen Sie die Augen und stellen Sie sich das Wort „Frühlingserwachen“ in Gedanken ganz deutlich vor. Versuchen Sie nun in 1 Minute, aus den Buchstaben dieses Wortes möglichst viele neue Wörter zu bilden, allerdings ohne die Reihenfolge der Buchstaben zu verändern.

Beispiel: Ring, Fach, Rüge …

Weitere Wortideen sind auf Seite 248 nachzulesen.

3) Merkfähigkeit

Als Nächstes prägen Sie sich die Farbenfolge der folgenden zwölf Blumen ganz genau ein:

Lila Flieder – gelbe Osterglocken – rosa Hyazinthen – himmelblaue Vergissmeinnicht – gelbe Schlüsselblumen – weiße Maiglöckchen – violette Veilchen – gelbe Forsythien – pinkfarbene Tulpen – gelber Löwenzahn – lila Krokusse – weiße Margeriten.

4) Wort- und Wissensfindung

a) Vitamine für den Kopf

Was hält Sie alles fit? Finden Sie so schnell wie möglich zu jedem Buchstaben des Wortes „Vitamine“ mindestens zwei persönliche Fitmacher.

Beispiel: V-itamindrinks, I-nselurlaub, T-anzen.

V = ______________	M = ______________
I = ______________	I = ______________
T = ______________	N = ______________
A = ______________	E = ______________

b) Wissen ist Macht

1) Wissen Sie, woher das Wort „Affenschande“ kommt?
2) Hat der Amtsschimmel wirklich etwas mit Pferden zu tun?
3) Wie können Sie Gold auflösen?
4) Wo fällt mehr Niederschlag, in London oder in Rom?
5) Woher kommt der Dudelsack?

(Lösungen Seite 248)

5) Brain-Moving

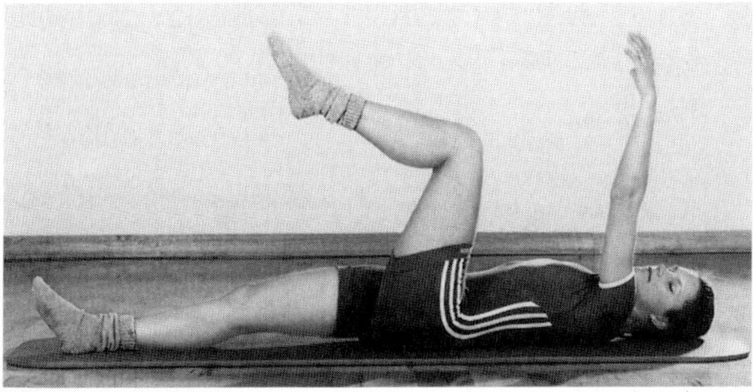

Holen Sie sich mit links positive Gedanken! Die nächste Übung können Sie bereits morgens im Bett durchführen oder Sie legen sich tagsüber auf den Boden. Strecken Sie den linken Arm ganz weit nach oben und stellen Sie sich vor, wie Sie positive Gedanken von der Zimmerdecke herunterholen und seitlich neben Ihren Körper legen. Gleichzeitig fahren Sie mit dem linken Bein Rad. Mindestens 7-mal sollten Sie sich zur Decke strecken. Atmen Sie dabei ruhig und gleichmäßig.

6) Fantasie und Kreativität

Kreieren Sie aus der Kontonummer 189723 einen witzigen Werbespruch, indem Sie zunächst für jede Ziffer den entsprechenden Buchstaben des Alphabets setzen (A = 1 / B = 2 / C = 3 usw.). Mit diesen Buchstaben beginnen nun die Wörter Ihrer Werbung.

Beispiel: Alle Helden in Griechenland brauchen Cola.

Denk mal

Wenn Sie die sechs Punkte unten betrachten, können Sie zwei Reihen mit je drei Punkten in einer Linie sehen. Entfernen Sie nun einen Punkt und verlegen Sie ihn so, dass vier Reihen mit je drei Punkten in einer Linie entstehen.

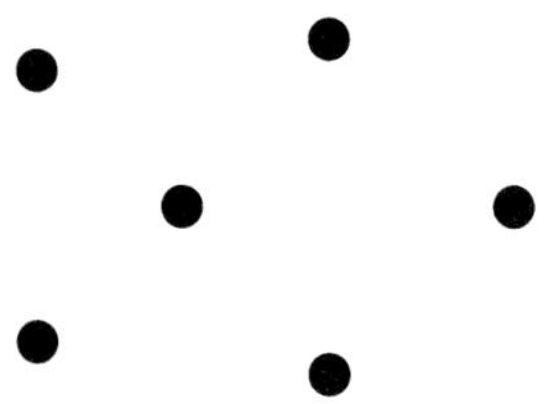

(Lösung Seite 249)

Memory

Erinnern Sie sich noch an die Farbenfolge der Blumen? Notieren Sie sie hier:

Welche Formen aus der 19. Brain-Time können Sie noch zeichnen?

Ernährungstipp: Gelee royale und Blütenpollen in stressigen Zeiten

Das Gelee royale – im Bienenstaat allein der Königin vorbehalten – enthält neben Kohlenhydraten, Aminosäuren, Vitaminen und Spurenelementen noch viele andere Substanzen, die Körper und Geist positiv beeinflussen. Blütenpollen sind ebenfalls reich an Vitaminen, Mineralstoffen und essentiellen Aminosäuren. Nehmen Sie daher regelmäßig vor dem Essen eine Messerspitze Gelee royale und einen Teelöffel Blütenpollen zu sich, um dem Stress entgegenzuwirken.

Brain-Time 21

1) Entspannung

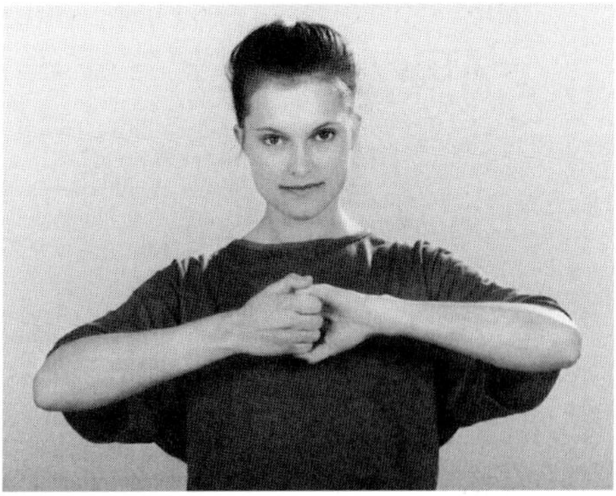

Die heutige Entspannungsübung können Sie nicht nur bei Ihrem täglichen Brain-Fitness-Programm, sondern auch am Arbeitsplatz sowie vor dem Fernseher leicht und erfolgreich durchführen. Setzen Sie sich mit geradem Rücken auf einen Stuhl oder Sessel, heben Sie die Arme in Schulterhöhe und haken Sie die Finger ineinander. Während Sie bis 5 zählen, versuchen Sie mit Kraft, die Arme auseinanderzuziehen, lassen jedoch die Finger fest verhakt. Schütteln Sie die Arme aus und wiederholen Sie die Übung 7-mal.

2) Konzentration

Geistesblitze rückwärts

Wenn Sie die folgenden Aussprüche von Alfred Hitchcock und Curt Goetz rückwärts lesen, erfahren Sie etwas über deren Ansichten über die Ehe. Wie schnell entschlüsseln Sie die Sätze? Stoppen Sie die Zeit!

- *(kcochctih derfla) .tah tgaseg thcin uarf enies sad thetsrev trow sedej re nnew, nnad tsre nnam nie tsi tetariehrev githcir*
- *(zteog truc). tröhuz ginew uz eredna red dnu teder leiv uz liet enie red ssad, timad sentsiem nennigeb ehe red ni neznereffid*

3) Merkfähigkeit

Merkfähigkeit und Merkwürdigkeit hängen eng miteinander zusammen. Etwas „Merk-würdiges“ vergessen Sie nicht so schnell; deshalb sollten Sie versuchen, Informationen mit Hilfe der Fantasie so aufzubereiten, dass sie aus dem Rahmen fallen und somit merkwürdig werden. Die Zeichnung eines Hauses enthält mindestens 20 Merkwürdigkeiten, an die es sich später zu erinnern gilt.

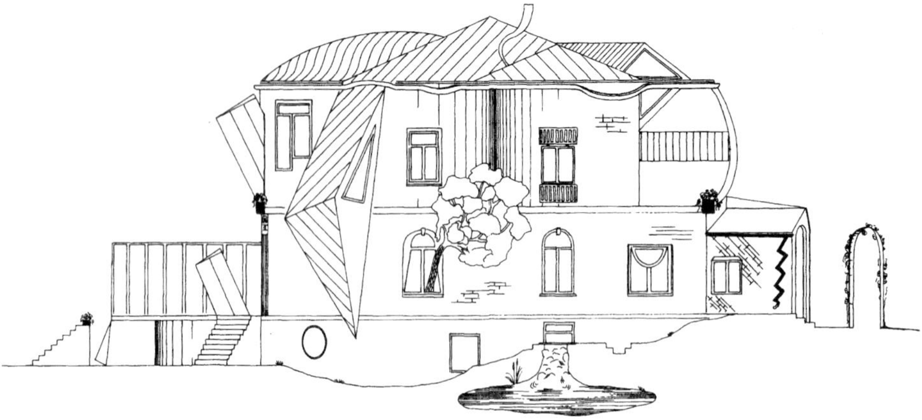

Schauen Sie sich die Abbildung etwa 2 Minuten lang ganz genau an, decken Sie diese dann ab und sprechen Sie Ihren Namen, Ihre Anschrift und Ihren Beruf rückwärts. Jetzt erst schreiben Sie auf, welche Einzelheiten Sie sich eingeprägt haben:

4) Wort- und Wissensfindung

a) Pro und Kontra

Fallen Ihnen in 1 Minute mindestens 20 Begriffe ein, die mit „Pro" oder „Kontra" beginnen, wie beispielsweise Professor und Kontrast?

b) Wissen ist Macht

1) Kennen Sie ein eisenhaltiges Abführmittel?
2) Wobei verbrauchen Sie mehr Kalorien?
   - Beim Staubsaugen,
   - beim Treppensteigen,
   - beim Klavier Spielen oder
   - beim Tischtennisspiel?
3) Wissen Sie, woher der Ausspruch „Das kann kein Schwein lesen" kommt?
4) Woher hat der Dresdener Zwinger seinen Namen?

(Lösungsvorschläge und Lösungen zur 4. Übung auf Seite 249).

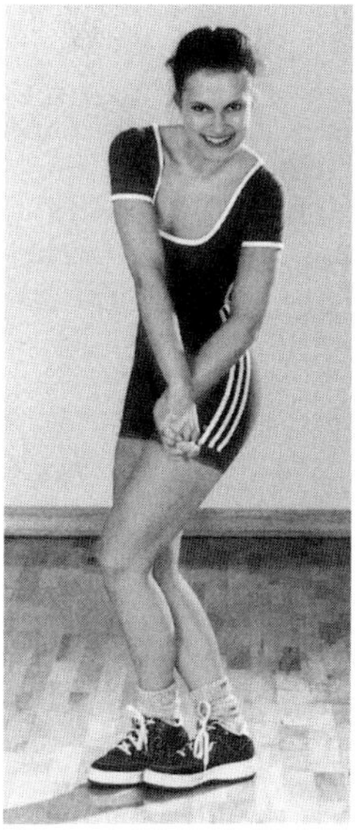

5) Brain-Moving

Wieder unterstützt rhythmische Musik Ihre Übung. Stellen Sie sich mit überkreuzten Beinen hin und strecken Sie die Arme vor Ihrem Körper nach vorn. Überkreuzen Sie die Arme und verschränken Sie die Hände ineinander. Malen Sie nun im Rhythmus der Musik große Schleifen beziehungsweise liegende Achten in die Luft. Je mehr der ganze Körper mitschwingt, desto besser.

6) Fantasie und Kreativität

Stellen Sie sich vor, Sie sind auf einem großen Empfang eingeladen, kennen niemanden der Gäste und möchten unbedingt auffallen. Wie könnten Sie das erreichen? Nennen Sie spontan mindestens zwölf verschiedene Möglichkeiten:

Denk mal

Wie alt ist die Frau, die im folgenden Text aus ihrem Leben erzählt?

Ich habe $1/6$ meines Lebens als Kind in Hamburg verbracht, $1/12$ war ich in Paris in der Modebranche tätig, $1/7$ und fünf Jahre als Fotografin in London verheiratet – bis zu dem Zeitpunkt, da meine Tochter Valeria geboren wurde, die sich vor vier Jahren, als sie halb so alt war wie ich jetzt, als Malerin in Italien einen Namen machte.

Wie alt die Dame ist, erfahren Sie, wenn Sie es nicht bereits schon herausgefunden haben, auf Seite 250.

Memory

Welche ABC-Begriffe aus der Merkfähigkeitsübung in Brain-Time 18 haben Sie noch im Gedächtnis?
Erinnern Sie sich noch an die merkwürdigen Details unseres Hauses?

Ernährungstipp: Haferflocken für eine bessere Konzentration
Essen Sie Ihr Müsli mit Haferflocken oder reichern Sie andere Speisen damit an. Haferflocken helfen bei Übermüdung und Erschöpfung, regen an und sorgen für eine bessere Konzentration.

Brain-Time 22

Zur letzten Brain-Time noch einmal Anregungen und Tipps. Ganz wichtig: Hören Sie nach dieser Brain-Time nicht auf, sondern machen Sie weiter. Stellen Sie sich Ihr eigenes Brain-Fitness-Programm zusammen und gönnen Sie sich täglich 15 bis 20 Minuten, um entspannter, gelassener, kreativer und optimal leistungsfähig in Beruf und Alltag zu sein. Beginnen Sie immer mit einer Entspannungsübung.

1) Entspannung

Setzen Sie sich bequem auf einen Stuhl und öffnen Sie eventuell beengende Kleidungsstücke. Atmen Sie 3-mal auf „Oh-Ma-Ha“ tief ein und aus – das bedeutet mit „Oh“ ganz tief ein, mit „Ma“ aus, und mit „Ha“ schieben Sie den letzten Rest Luft aus der Lunge heraus. Schließen Sie die Augen und legen Sie eine Hand flach auf die Stirn und die andere Hand in den Nacken. Sie werden spüren, wie sich ganz langsam ein entspanntes Gefühl einstellt. Danach wenden Sie sich ganz relaxed der folgenden Konzentrationsübung zu.

2) Konzentration

Text ohne Punkt und Komma

Im Zuge der deutschen Rechtschreibreform darf es weniger Kommas geben. Der folgende Text ohne Punkt und Komma fordert Ihre volle

Aufmerksamkeit. Lesen Sie den Text möglichst schnell, zählen gleichzeitig die Wörter und versuchen, den Sinn zu erfassen.

WERNIEWIEDERTELEFONNUMMERNGEBURTSTAGEUND ANDEREZAHLENVERGESSENWILLSOLLTEBEIMZAHLEN MERKENNICHTNURDIELINKEGEHIRNHÄLFTEBENUTZEN SONDERNSOOFTWIEMÖGLICHSEINEVORSTELLUNGSKRAFT TRAINIERENGEDANKENBILDERMALENUNDDURCHGEZIELTE BEWEGUNGMITDERLINKENKÖRPERSEITEDIERECHTE GEHIRNHÄLFTEINSCHWUNGBRINGEN

3) Merkfähigkeit

Das Tagesprogramm einer Sekretärin

Sie haben 2 Minuten Zeit, um sich die folgende Aufgabenliste einer Sekretärin in der richtigen Reihenfolge einzuprägen:

1) *Firma Reinders & Kohn anrufen,*
2) *500 Klarsichthüllen und 30 Päckchen Büroklammern bestellen,*
3) *Brief an den Stadtdirektor Mundus schreiben,*
4) *32 Fotokopien für die Nachmittagssitzung machen,*
5) *Frau Geisner um ein Gespräch bitten,*
6) *Angebote für Büromöbel einholen,*
7) *sechs Texte für die Hauszeitung korrigieren,*
8) *Blumen für das 25-jährige Dienstjubiläum von Herrn Cars besorgen,*
9) *drei Überweisungsträger ausfüllen,*
10) *Hotelzimmer für Frau Professor Mertens in Berlin bestellen,*
11) *bei der Computerfirma Klein vier Laptops für drei Tage ausleihen,*
12) *das Kulturprogramm für das Betriebsfest organisieren,*

13) *den Jahreskalender bei der Druckerei Hellen in Auftrag geben,*
14) *für den Abteilungsleiter Herrn Wamser einen Flug nach Madrid buchen,*
15) *sieben Mitarbeiter/-innen für das Management-Trainingsseminar in Hamburg anmelden.*

Decken Sie nun diese beachtliche Liste ab und zählen Sie so schnell wie möglich rückwärts von siebzig alle Zahlen, die durch Sieben teilbar sind oder eine Sieben enthalten. Dann versuchen Sie, die Aufgabenliste der Sekretärin vollständig und in der richtigen Reihenfolge aufzuschreiben.

4) Wort- und Wissensfindung

a) Brain-Fitness

Und noch einmal Brain-Fitness verbal: Statt des ganzen Alphabets stehen Ihnen nur die Buchstaben des Begriffes „Brain-Fitness" zur Verfügung. Wie viele Wörter können Sie daraus in 2 Minuten bilden, ohne den Begriff anzuschauen und ohne etwas aufzuschreiben?

b) Wissen ist Macht

1) Woher kommt der Ketchup?
2) Gibt es Krokodilstränen?
3) Woher stammen Spaghetti?
4) Von wem stammt der Ausspruch „Zurück zur Natur"?
5) Was geschah 44 v. Chr.?
6) Was ist „Höllenstein"?
7) Was sind Assignaten?
8) Warum spricht man von einem Kaiserschnitt?
9) Welcher Architekt ist in Deutschland durch eine Siedlung in Stuttgart bekannt geworden und wie hieß die Siedlung?
10) Wie hieß die Schauspielerin Marlene Dietrich tatsächlich?

(Lösungen Seite 250)

5) Brain-Moving

Erinnern Sie sich noch? In der ersten Brain-Time-Einheit hieß es: Tanzen Sie sich warm, um die Durchblutung des Körpers und damit auch des Gehirns zu intensivieren und den Adrenalinspiegel zu senken. Sorgen Sie wieder einmal für flotte Musik. Heute, in der letzten Brain-Time-Einheit, sollen Sie sich fit tanzen, indem Sie möglichst viele der bereits ausgeführten Überkreuzbewegungen und Bewegungen mit der linken Körperseite noch einmal wiederholen. Damit sind Sie für Ihr weiteres Brain-Fitness-Programm gut gerüstet.

BRAIN-TIPP

Tipps für mehr Brain-Power

- Denken Sie an rechtzeitige, richtige und regelmäßige Pausen.
- Wer sich geistig optimal fit halten will, kennt keine Leerlaufzeiten. Machen Sie beispielsweise Übungen
  - beim Zähneputzen und Duschen,
  - auf dem „stillen Örtchen“,
  - im Fahrstuhl,
  - in einem Verkehrsstau, im Zug oder Flugzeug,
  - beim Bügeln, Geschirrspülen, Aufräumen und Putzen,
  - beim Autowaschen,
  - bei der Gartenarbeit,
  - im Wartezimmer beim Arzt oder beim Friseur,
  - während eines langweiligen Vortrags,
  - auf einer langweiligen Party.

6) Fantasie und Kreativität

a) Zeitmaschine

Stellen Sie sich vor, Sie fliegen mit einer Zeitmaschine in das Jahr 2100. Welche neuen Dinge könnten Sie vielleicht entdecken, die es heute noch nicht gibt?

____

____

____

____

b) Liebe, Liebe, Liebelei

Kreieren Sie einen sinnvollen Satz, bei dem jedes Wort mit einem Buchstaben des Wortes Liebe beginnt.

Beispiel: Liebe ist energiereiche beglückende Erfahrung.

Denk mal

Briefschlitz

Sie wollen aus einem alten Holzbriefkasten ein quadratisches Vogelhäuschen bauen. Wie erhalten Sie aus der rechteckigen Vorderfront mit Briefschlitz eine quadratische Platte ohne Schlitz?

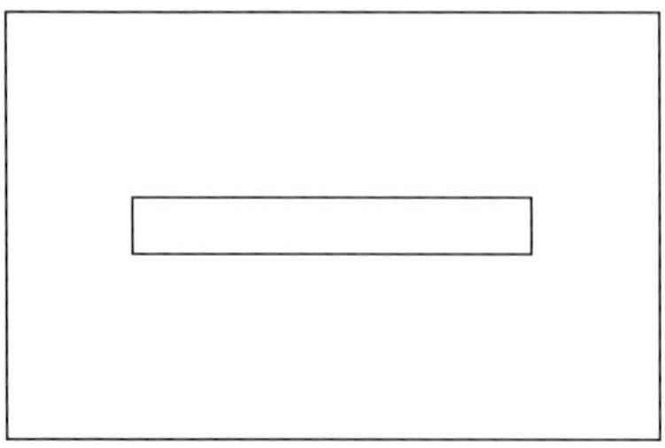

Die Lösung finden Sie auf Seite 251.

Memory

Haben Sie die Zahlenmerkwortliste bereits im Alltag eingesetzt und dabei Ihr Vorstellungsvermögen trainiert? Wenn ja, ist es nicht schwierig, die Wörter aufzuschreiben; wenn nicht, versuchen Sie es trotzdem, und schauen Sie im Zweifelsfall in Brain-Time 7 nach.

Atmen Sie 3-mal tief ein und aus, stellen Sie sich auf die Zehenspitzen und strecken Sie Ihre Arme nach oben. Gehen Sie durch den Raum und wiederholen Sie die Aufgaben der Sekretärin.

Ernährungstipp: Ernährungspotpourri – kurz und bündig

- Knoblauch wirkt gegen Arteriosklerose und sorgt damit für eine bessere Sauerstoffversorgung der Gehirnzellen.
- Bananen, Ananas und Kartoffeln wirken beruhigend und entspannend.
- Schwarze Johannisbeeren schützen die Gehirnzellen.
- Fisch beziehungsweise Fischöl ist unentbehrlich für das Gehirn.
- Minze wirkt leicht anregend.
- Johanniskraut ist hilfreich bei Erschöpfung.
- Ginseng erhöht die Widerstandsfähigkeit bei Stress.
- Avocados schützen die Gehirnzellen und wirken gegen Stress, Müdigkeit und Erschöpfung.
- Flüssige Bierhefe ist eine wichtige Quelle für B-Vitamine, Mineralstoffe und Spurenelemente.

Lösungen

Brain-Time 1

2. Übung

38 Wörter

4. Übung

a) A und O: Kanon, Sopran, Tango, Barock, Programm, bravo, hallo, Dakota, Carola, Monaco, Bogota, Navajo, Tornado, Amor, Mofa, Torwart ...

b) Dvorak, Horaz, Franco, Garbo, Casanova, Marion Brando, Bogart, Watson, Warhol, Rorschach, Montand, Gottschalk ...

Denk mal

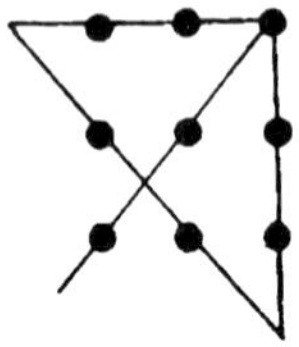

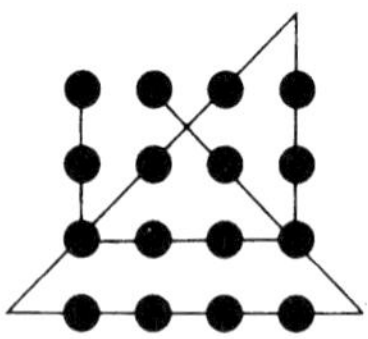

Brain-Time 2

4. Übung

a) Abkürzungen

FBI: Brief, Beifall, Fabrik, Fieber ...
BGB: Bergbau, Beigabe, bombig, Gibbon ...
NDR: Norden, Runde, Diener, Dorn, Rand, Rind, Drohne ...
ZDF: Defizit, Duzfreund, Zeltdorf, Differenz, Zugpferd ...
ARD: Ader, Rand, Rad, Radio, Adria, Barde ...
VIP: Viper, privat, Proviant, Vampir ...
UNO: Union, Fortuna, Bonus, Junior, Bruno ...
SOS: Ross, Tross, Boss, Sprosse ...

TIR: Trieb, Tier, Ritual, Rita, Ritter, Ritze …
BDI: Dieb, Beduine, blind, Binde …

b) Filme und Hits
Die vierte Ehe der Frau Margreth (EDV), Fahrraddiebe (FBI), Der blauäugige Bandit (BGB), Lockender Lorbeer (NDR), Im Schatten des Zweifels (ZDF), Cinderella (ARD), Der Vampir von Schloss Frankenstein (VIP), Hotel du Nord (UNO), Rosemaries Baby (SOS), Der Florentiner Hut (TIR), Die Wüste lebt (BDI)

Denk mal

Streichholzproblem

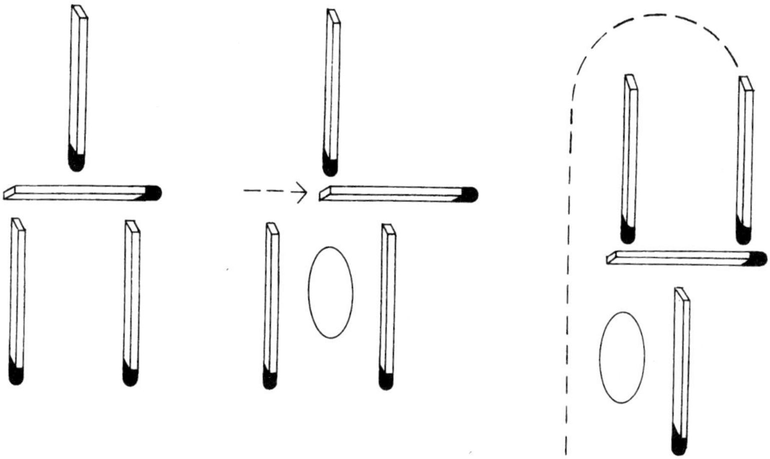

Brain-Time 3

4. Übung

a) Fitnesstraining: Frage, Finsternis, Farn, Firn, Finte, Inge, Inga, Ire, intern, Internat, Test, tarnen, Trier, Tran, Tinte, Nase, Nager, nie, nein, nass, Eisen, Erna, Stift, Strafe, Sarg, Saft, Stange, Stina, Ster, Stift, Sinn, Senn, Teint, Tanin, Taft, Rasen, Rinne, Rain, Rang, Ring, Anis, Ines, Nest, Gast, Gift, Gatte, Gitte, Grat

b) Gegensätze: Revolution / Stagnation – Eremitage – Egoismus – Gefühllosigkeit – Stabilität – abstrakt – nonkonform / kontrovers – konkav – ordentlich – nie

Denk mal

Neubausiedlung

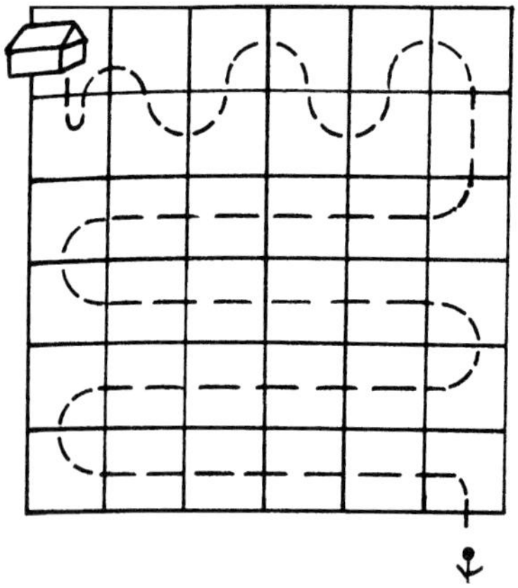

Brain-Time 4

4. Übung

a) Kopf-Wörter: Kopfbahnhof, Kopfdruck, Kopfsalat, Kopfarbeiter, kopflos, Kopfstand, Hohlkopf, Stecknadelkopf, Dickkopf, Wasserkopf …

b) Druckknopf, Kochtopf, Opferkerze, Pflanzenkost, Pokerface, Koffeinprodukt, Porzellanmanufaktur, Pfandbriefkonto, Polarfuchskörper, Telefonknopf, Konfettipartikel …

c) Fremdwörter:

1) harmonikaartig zusammenfaltbare Bilderreihe
2) ein Straßenbelag
3) als absolut richtig anerkannter Grundsatz
4) Hauptheiligtum des Islams in Mekka
5) reicher Mann
6) Gehilfe, Beistand
7) weicher, formbarer Ton

8) Eindrucksstärke einer Werbung
9) reich verziertes Signalhorn aus einem Elefantenzahn
10) Kneifer, Zwicker

Denk mal

Geheimer Zeitpunkt

Die Anfangsbuchstaben der Vergleiche ergeben hintereinander gelesen den Sonntag als den gesuchten Zeitpunkt.

Brain-Time 5

4. Übung

Wörterversteck

a) Oevarmohr: Ohr, Mohr, Arm, Eva
   Krumpeibecke: um, Elbe, Ecke, Rum
   Haugenterg: Auge, Gen, Ente, er
   Lerosetter: Rosette, Rose, Eros, Set
   Schwarzenter: war, Warze, schwarz, Zen, Ente

b) Wer war's denn gleich?
   1) Sir Walter Raleigh (1552 bis 1618)
   2) Willy Brandt
   3) André Gide
   4) Günter Eich: „Gesammelte Maulwürfe"
   5) Roswitha von Gandersheim (935 bis 1001)
   6) Otto von Guericke
   7) Benjamin Franklin

Denk mal

Sechs Streichhölzer für vier gleichseitige Dreiecke, angeordnet in Form einer Pyramide

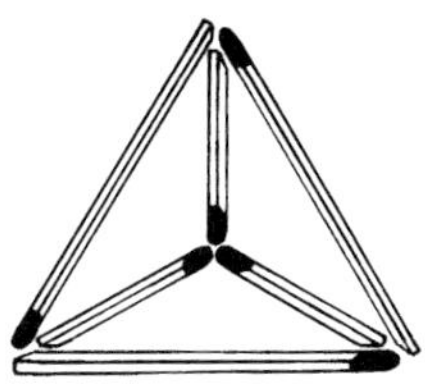

Brain-Time 6

4. Übung

a) Ketten

Chefetagen, Etagenhaus, Hausfest, Festzug

Telefonkarten, Kartenhaus, Hauskauf, Kaufvertrag, Vertragsbedingung

Testauto, Autohaus, Hauswand, Wandspiegel

Terminkalender, Kalenderblätter, Blätterwald, Waldfrüchte, Früchtetee, Teerose

Textbuch, Buchmesse, Messestand, Standgeld, Gelddosen, Dosenmilch, Milchkaffee

Computermesse, Messestand, Standsegel, Segelboot

b) Autobiographie, Intelligenzschicht, Nagelprobe, Tuchfühlung, Strickleiter, Laufkundschaft, Stoffwechsel, Stiftskirche, Gerichtsverhandlung

Denk mal

8 Punkte im Spielbrett

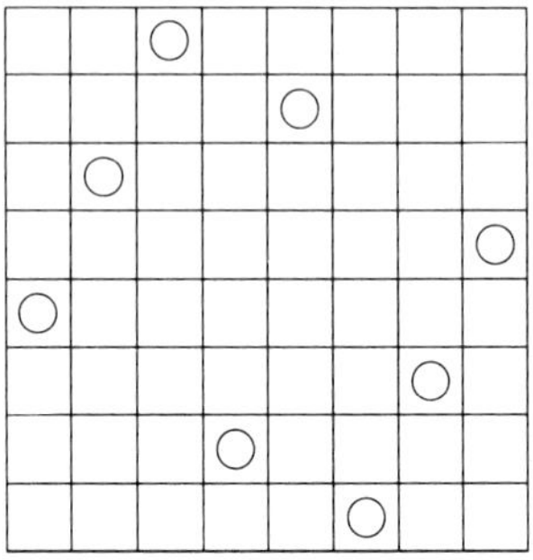

Brain-Time 7

4. Übung

a) Berühmte Frauen

Tina Turner, Marylin Monroe, Doris Lessing, Jane Fonda, Maria Stuart, Marie Curie, Käthe Kollwitz, Rosa Luxemburg, Greta Garbo, Effi Briest

b) Fremdwörter

- Brechung der Lichtstrahlen ohne Zerlegung der Farben
- vielsagend spöttisches Lächeln des Wissens unter Eingeweihten

- Tiefseetauchkunde
- ein französischer Tanz
- Schlüsselbein
- Ausbeuter
- Mittel zur Bekämpfung von Pilzen

6. Übung

Autokennzeichen

WUN = Wunsiedel	REG = Regen
SHG = Schaumburg	KIB = Kirchheimbolanden
DEL = Delmenhorst	TUT = Tuttlingen
NEW = Neustadt an der Waldnaab	BIT = Bitburg-Prüm
VIE = Viersen	MSP = Main-Spessart-Kreis
OAL = Ostallgäu	KUS = Kusel

Denk mal

Studentenproblem „Send more money“: 9567 + 1085 = 10652

Brain-Time 8

2. Übung

13 Hauptwörter

3. Übung

Es handelt sich um den Lebenslauf von Mahatma Gandhi.

4. Übung

a) Allroundfitness
Ascorbinsäure – Lachen – Liegestütze – Rudern – Orgelspiel – Unternehmungen – Naturerlebnisse – Donnerstagstraining – Fußmassage – Intelligenztraining – Trinken – Nacktbaden – Entspannen – Spaziergänge – Sport

b) Politiker ohne e
Brandt, Kohl, Chirac, Arafat, Major, Nixon, Mao, Saddat, Mubarak, Clinton, Gorbatschow, Wilson, Rau, Lambsdorff, Scharping, Wulf, Bahr …

Denk mal
12345789 in zwei Gruppen: 173 + 4 = 177 und 85 + 92 = 177

Brain-Time 9

4. Übung
Körperteile
a) Schandfleck, Dankopfer, Lauge, Charme, Scherzartikel, Schalseide, Bankniederlassung, Schultermin, Chagalleuphorie, Kleber, Schautermin, Anbauchaiselongue, Schokopfennig, Agavenecke, umschlungen, Schande, Heulader …
b) So weit die Füße tragen – Salz auf der Haut – Die schmutzigen Hände – Lügen haben kurze Beine (Film) – Hair …

Denk mal
Zu viele Hotelgäste: Der zweite Gast teilt mit dem ersten ein Bett, nicht der elfte!

Brain-Time 10

4. Übung
a) Aus drei mach eins
Wartezimmer, Fallensteller, Fernbedienung, Wortspielerei, Taschentücher, Fingerabdruck, Samenschalen, Westentasche, Wasserball, Winternaechte, Wolkenkratzer, Filtertütenreste

b) Die magische Sieben
Die Million – Drei Männer und ein Baby – Das siebente Siegel – Wenn der Postmann zweimal klingelt – Drei Männer im Schnee – James Bond 007 – 20000 Meilen unterm Meer

Denk mal
Quadratfüllung

○	△	□	●	▲	■
●	▲	○	■	△	□
■	□			●	○
△	●			□	▲
□	○	▲	△	■	●
▲	■	●	□	○	△

Brain-Time 11

4. Übung

a) Buchstabenwechsel
Zeitplanung, Textverarbeitung, Superlearning, Stressfaktoren, Problemlösung, Vorstellungskraft, Notizenkartei

b) Zahlenpersönlichkeiten
Hildebrandt (drei), Verdi (vier), Fred Feuerstein (fünf), Schlesinger (sechs), Simone de Beauvoir (sieben), Johann Sebastian Bach (acht), Christian Neureuther (neun), Heinz Schenk (zehn)

Denk mal

$$\frac{XXII}{VII} = \pi$$

Brain-Time 12

4. Übung

a) Feinschmecker, Steinsammlung, Reinschrift, Zweifel, Zweig, Rundreise, Dreistigkeit, Klavier, Revier, Eisechse, Fantasiebenutzer, Übernachtung, Schachturnier, Neunummerierung, Zehnagel, Spiegelfassade, Schelfeis …

b) 1) Die USA wurden mit 13 Staaten gegründet und bestehen heute aus 50 Staaten (13 Streifen und 50 Sterne in der Nationalflagge).
   2) Metalle nach dem spezifischen Gewicht (in g/cm^3):
   Platin (21,4) – Gold (19,2) – Uran (18,7) – Quecksilber (13,55) – Blei (11,3) – Natrium (0,97) – Kalium (0,86)
   3) 1900 Olympische Spiele in Paris –
   1902 erster BH von den Gebrüdern Lindauer entwickelt –
   1904 erste drahtlose Übertragung von Musik
   4) Die sieben Zwerge (Märchen), J. Verne: Reise um die Welt in 80 Tagen, J. Asimov: Der Tausendjahresplan, B. Brecht: Die Dreigroschenoper, A. Dumas: Die drei Musketiere, G. M. Marquez: Hundert Jahre Einsamkeit

Denk mal

Einmalige Zahl 83159742:
Die Zahlwörter stehen in alphabetischer Reihenfolge.

Brain-Time 13

4. Übung

a) Schachtelkonstruktionen
Ofen / Fenster, Page / Geist, Diwan / Wanze, Joker / Kerze, Safran / Ranke, Loch / Chor, Orkan / Kante, Zaun / Unna, Reform / Formel, Morast / Raster, Torso / Sohn, Ballast / Laster, Roman / Mantel, Rubin / Bingen, Verrat / Ration, Anzug / Zugabe

b) Berühmte Persönlichkeiten
Adenauer – Bismarck – Cromwell – Danton – Eisenhower – Friedrich der Große – Genscher – Hardenberg – Iwan der Schreckliche – Papst Johannes XXIII. – Kennedy – Rosa Luxemburg – Maria Theresia – Napoleon – Ollenhauer – Papst Paul VI. – Quesnay – Richelieu – Maria Stuart – Truman – Udet – Voltaire – Wischnewski – Xanthippe – Yeats – Clara Zetkin

6. Übung

auf Zehenspitzen gehen, tanzen, auf einem Bein hüpfen, springen, torkeln, auf Strümpfen schleichen, auf dem Po rutschen,
auf allen vieren kriechen, auf Händen gehen, rückwärts laufen, robben, Purzelbäume schlagen, auf den Fersen gehen, taumeln …

Denk mal

Faschingsparty mit Telefonen
Ihr Telefon ist grün! Es waren nur zwei rote Telefone, eines davon sehen Sie auf dem Rücken des zweiten Mitspielers. Der dritte Mitspieler sieht es ebenfalls und zusätzlich Ihr Telefon. Wäre es rot, wüsste er sofort, dass sein Telefon nur grün sein kann. Er weiß es nicht; daher wissen Sie, dass die Farbe Ihres Telefons Grün sein muss, die Farbe der drei Telefone.

Brain-Time 14

2. Übung

14-mal „ei“ und 9-mal „ie“

4. Übung

a) Vornamenversteck
Motto, Veranda, Schlinge, Schilder, Mundharmonika, Bellini, Pflegevater, Ukrainer, Bauwesen …

b) Kunst ohne Sorge Chagall, Dali, Piaf, Vadim … / David, Mona Lisa …

Denk mal

Schiebepuzzle

	7	12	11
13	10	1	6
3	4	15	8
14	9	2	5

6	11		13
1	12	7	10
15	2	9	4
8	5	14	3

15	2	1	12
4	9	10	7
8	5	6	11
3	14	13	

Brain-Time 15

4. Übung

a) Ehering, Hochzeitsgesellschaften, Kirchenglocken, Ehegeheimnisse, Eheberatungshilfen, Liebesgleichklang, Intimitätsgeheimnisse, Scheidungsgericht, Verhütungsmittel, Schlafzimmerlügen, Himmelbettgardinen, Geburtshilfen, Zärtlichkeitsgewinn, Gefühlsintensität, Partnergemeinschaft …

b) Seehofer, Heereman, Schneider, Heydenreich …

Denk mal

Telefonzahlen von 1 bis 12

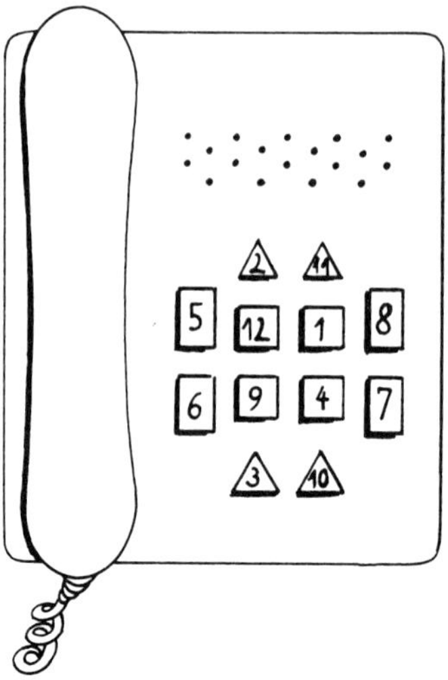

Brain-Time 16

2. Übung

In deinem Innern ist eine Quelle, die nie versiegt, wenn du nur zu graben verstehst.
Lust und Liebe sind die Fittiche zu großen Taten.
Nur wer lernt, sich zu lassen, wird gelassen.

4. Übung

Frauenmagazin

a) Mann, Umfang, Grazie, Fragen, Mangan, Mauer, Gaumen, Fernzug, Germania, Finanzen, Fan, Farn, grau, Gram, Gaumen, Zinn, Zar, Zier, reif, rein, Ring, Erz, Niere, Magen, Garn, Gier, Geiz, raufen, Reife, Zange, Anne, Ina, Inge, Urne, gern, Greif, Graf, fangen, Rangen, Zaun, Zeug, Namen, Nager, Frage, Rage, Rum, Raum, Zunge, Minze, Mainz, Mai, Reim …

b) Ilse Aichinger – Ingeborg Bachmann – Clara Schumann – Annette von Droste-Hülshoff – Marie von Ebner-Eschenbach – Jane Fonda – Greta Garbo – Hildegard Knef – Isabella I. von Kastilien – Johanna von Orleans – Käthe Kollwitz – Rosa Luxemburg – Marylin Monroe – Nofretete – Olga Tschechowa – Patricia Highsmith – Tina Turner – Trude Unruh – Suzanne Valadon – Cosima Wagner – Xanthippe – Marguerite Yourcenar – Clara Zetkin

Denk mal

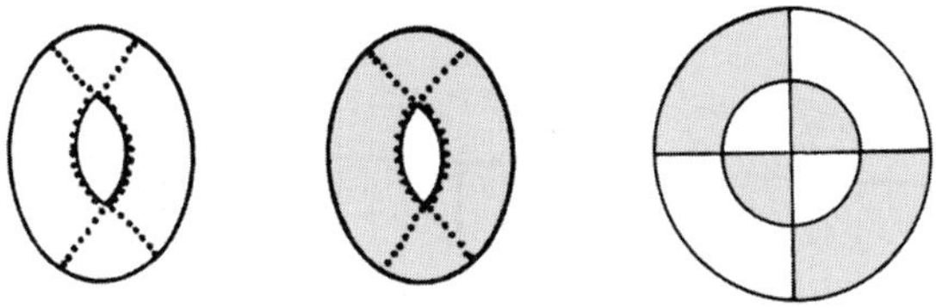

Sie zerlegen die Scheiben zunächst in jeweils vier Segmente, wie mit den gepunkteten Schnittlinien angedeutet. Alle acht Segmente setzen Sie zu einem Kreis zusammen.

Brain-Time 17

4. Übung

a) Versteckte Akte
Fakten, Kontakte, Katarakte, Kakteen, Steakteller, Irakterrain, Charakter, Takte, Akteur …

b) Prolog – Insuffizienz – Rotunde – Inspiration – Reformation – Lithographie – Ovation – Sales Promoter – Epilog

Denk mal

Ein einziges Strichproblem
Beginnen Sie an dem gekennzeichneten Punkt, die Linien nachzufahren.

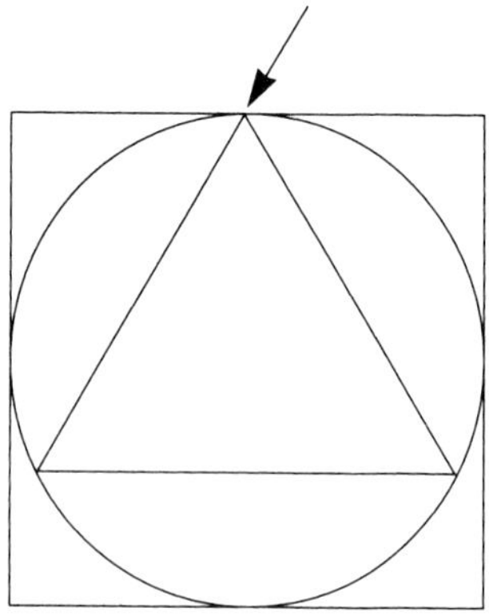

Brain-Time 18

2. Übung

Die Schauspielerin lebte vom 23. September 1938 bis zum 29. Mai 1982. Sie wurde bereits als 17-Jährige berühmt, lebte später in Frankreich, erreichte internationale Anerkennung in insgesamt 58 Filmen in oft differenzierten Charakterrollen und war zugleich eine außergewöhnliche Frauenpersönlichkeit mit interessanten Auffassungen, beispielsweise: „Ich liebe es, bis an die Grenzen des Möglichen zu gehen."
Die Beschriebene ist Romy Schneider.

4. Übung

b) Nation, Kompanie, Insistenz, Translokation, Antagonismus, Matrix, Tuba, maligne, tokkieren, Option, Quote, Entropie

Denk mal

Streichholzproblem

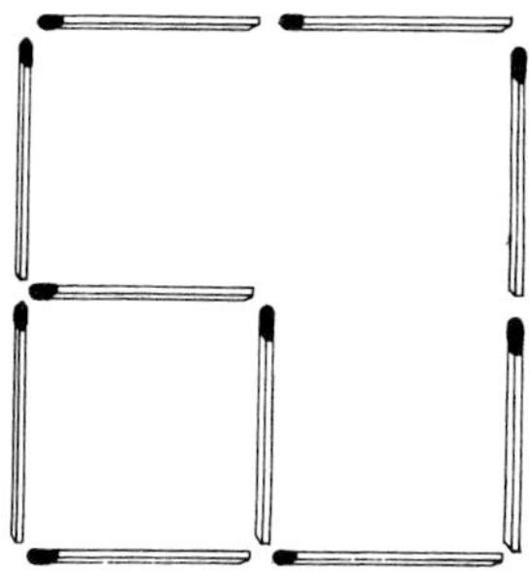

Brain-Time 19

2. Übung

Keine Chance dem Prüfungsstress. Je besser Sie vorbereitet sind, desto gelassener sind Sie, desto ruhiger ist Ihr Gewissen. Nicht die ganze Zeit vor der Prüfung darf verplant werden. Bei der Lernplanung sind Wiederholungszeiten zu berücksichtigen. Ein Stoffaufbau ist wichtig. Kurze, prägnante Zusammenfassungen erleichtern das Lernen. Kurz vor der Prüfung sollte kein neuer Stoff mehr gelernt werden. Sagen Sie: Ich schaffe das.

4. Übung

a) Fünf auf einen Streich
Weinlaubbogen, Ortsbesichtigungsaufenthalt, Arbeitslosenunterstützung, Wortspielaufgabe, Kontoinhaberanruf, Immobilienkaufvertrag, Autoführerschein, Hochzeitsaufgebot, Ostindienlandung, Diplombauingenieur, Rosinenauflauf, Seniorenbeiratssitzung, Bonifatiuskrankenhaus …
a, e, i, o und u in Reihenfolge: Badezimmerordnung, Radreisetour, Kasseninhaltsobolus …

b) Aller guten Dinge sind drei
Eiskunstlauf, Dressurreitsport, Nordische Kombination, Biathlon

Denk mal

Hausproblem

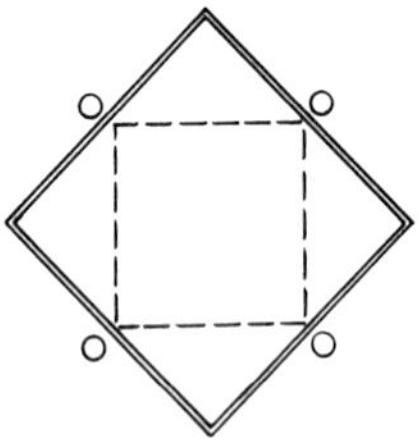

Brain-Time 20

2. Übung

Reh, frisch, Lire, Lachen, Lisa, Rachen, Sachen, gern, Ehe, See, Wahn, Inge, Ina, ihn, Ire, hier, Hahn, nahe, Lahn, frech, frieren, unser, Firn, Ferne, Iser, Rechen, ach, Runen …

4. Übung

a) Vitamine für den Kopf
Training, Avocados, Meditation, Ideen, Naturkost, Entspannung …

b) Wissen ist Macht
1) Das Wort Affenschande kommt aus dem Plattdeutschen: „Dat ist eine apenbare Schande." Das Wort „apenbar" bedeutet „offenbar".
2) Der Begriff Amtsschimmel hat nichts mit Pferden zu tun. Im alten Österreich hieß ein vorgedrucktes Musterformular „Simile". Aus diesem Grund nannte man einen nach vorgeschriebenem Muster arbeitenden Kanzlisten spöttisch „Similerelter", und daraus wurde dann der Schimmelreiter und der Amtsschimmel.
(Aus: Etymologisches Wörterbuch des Deutschen, Berlin 1993)

3) Sie können Gold auflösen in einer Mischung von drei Teilen Salzsäure und einem Teil Salpetersäure.
4) In Rom fallen mit 760 mm pro Jahr mehr Niederschläge als in London (590 mm pro Jahr). London ist eine der trockensten Städte in Europa.
5) Den Dudelsack gab es bereits im alten Griechenland, in Persien, in China und im alten Rom. Wahrscheinlich kam der Dudelsack mit Caesar nach England und von dort nach Schottland.

Denk mal

Brain-Time 21

2. Übung
Geistesblitze rückwärts
- Richtig verheiratet ist ein Mann erst dann, wenn er jedes Wort versteht, das seine Frau nicht gesagt hat. (Alfred Hitchcock)
- Differenzen in der Ehe beginnen meistens damit, dass der eine Teil zu viel redet und der andere zu wenig zuhört. (Curt Goetz)

4. Übung
a) Pro und Kontra

Problem, Produkt, Probe, Procedere, profan, Profit, Prognose, Propaganda, Programm, Prokura, Promenade, Prolet, Prolog, Prominente, Proportion, Protest, Prospekt, Prosa, Prozent …

Kontrakt, Kontrapunkt, kontraproduktiv, Kontraktion, Kontrahent, Kontrabassist, Kontraindikation …

b) Wissen ist Macht
   1) Handschellen; Nahrungsmittel mit hohem Eisengehalt sind Pistazien, Schokolade und Mandeln.
   2) Man verbraucht 150 Kalorien in der Stunde beim Staubsaugen, 320 Kalorien in der Stunde beim Treppensteigen, 100 Kalorien in der Stunde beim Klavierspielen und 280 Kalorien pro Stunde beim Tischtennisspiel.
   3) Mit Schweinen hat dieser Ausspruch nichts zu tun. Der Satz wird vielmehr einer gewissen Familie Swyn zugeschrieben, die sehr kluge Leute waren. Wenn ein Swyner den Text nicht lesen konnte, dann auch niemand sonst, und man sagte: „Dat kann kein Swyn lesen!"
   4) Ein Zwinger ist nicht nur ein für Hunde oder Raubtiere bestimmter Käfig, sondern auch der meistens befestigte Raum zwischen der äußeren und inneren Mauer einer Festung. Der Dresdener Zwinger ist ein galerieumzäunter Festspielplatz in eben diesem Raum.
      (Nach: W. Krämer/G. Trenkler: „Lexikon der populären Irrtümer", Frankfurt 1996)

Denk mal
Die Frau ist 84 Jahre alt.

Brain-Time 22

2. Übung
43 Wörter

4. Übung
a) Brain-Fitness
   Start, Stier, Satin, Stein, Senf, Strafen, Braten, Raten, Basen, Bein, Reis, Tanne, Tasten, Bast, Nasen, Farn, Faser …

b) Wissen ist Macht

1) Ketchup ist keine amerikanische Erfindung. Er kam mit den chinesischen Einwanderern nach Amerika („Ke-tsiap“). Der deutsche Immigrant Henry John Heinz machte ihn 1869 zu dem Produkt, das noch heute so beliebt ist.
2) Ja. Krokodile schnappen bei zu großen Bissen nach Luft, und Feuchtigkeit läuft aus den Augen. Es handelt sich also um einen Reflex. Sie weinen jedoch nicht aus Traurigkeit.
3) Spaghetti stammen aus China, Marco Polo hat sie von dort mitgebracht.
4) Jean-Jacques Rousseau
5) Ermordung Cäsars
6) Silbernitrat
7) Inflationsbanknoten der Französischen Revolution
8) Der Kaiserschnitt hat seinen Namen wahrscheinlich von einem römischen Gesetz („lex caesarea“), wonach den Schwangeren, die vor der Geburt des Kindes starben, der Säugling herausgeschnitten werden musste, um ihn getrennt zu begraben.
9) Le Corbusier: Weißenhofsiedlung in Stuttgart
10) Maria Magdalena von Losch

Denk mal

Briefschlitz

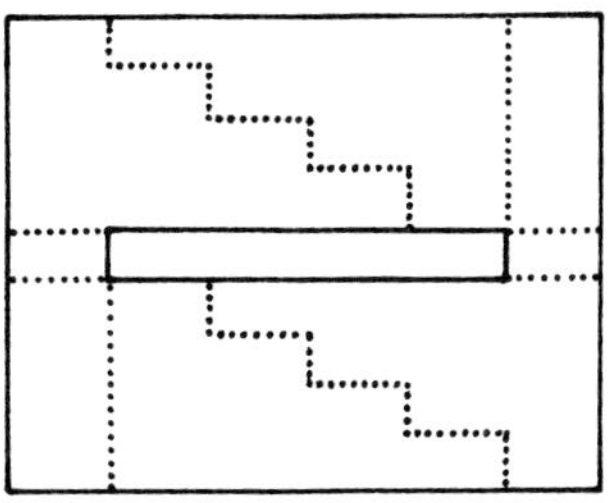

Literatur

Andreas, S./Faulkner, Ch./Gerling, K.: Praxisbuch NLP. Paderborn 2006

Berendt, J.-E.: Nada Brahma: Die Welt ist Klang. Frankfurt 2007

Brizendine, L.: Das weibliche Gehirn. Hamburg 2007

Buzan, T: Power Brain. Landsberg 1999

Csikszentmihalyi, M./Klostermann, M.: Kreativität. Stuttgart 2007

Dennison, P/Dennison, G. E.: Das Handbuch der Edu-Kinestetik für Kinder. Freiburg 2002

(ders.): Brain Gym. Freiburg 2004

(ders.): Befreite Bahnen. Freiburg 2004

Gamon, D. von: Brain Fitness. München 2002

Goleman, D.: Emotionale Intelligenz. München 1997

Hainbuch, F.: Progressive Muskelanspannung. München 2007

Hannaford, C.: Bewegung, das Tor zum Lernen. Freiburg 2000

Hentig von, H.: Kreativität. Weinheim 2000

Hertlein, M.: Mind Mapping. Die kreativen Arbeitstechniken. Reinbek 2001

Holler, J.: Das neue Gehirn. Paderborn 1996

Hühholdt, J.: Wunderland des Lernens. Berlin 2001

Jacobs, C.: Training für Kinder mit Aufmerksamkeitsstörungen. 2004

Bedienungsanleitung für ein menschliches Gehirn. Göttingen 2007

Kabat-Zinn, J.: Gesund durch Meditation. Frankfurt 2006

Kiefer, I./Zifko, U.: Brainfood Kneipp. Leoben 2005

Fit im Kopf 2006

Kleinschroth, R.: Sprachen lernen. Reinbek 2000

Kline, P.: Das alltägliche Genie. Paderborn 1996

Klippert, H.: Besser lernen. Weinheim 2008

Knieß, M.: Kreativitätstechniken. München 2007

Kolf, G.M.: Geistig jung und körperlich in Schwung. Freiburg 2005

Krebs, Ch.T./Brown, J.: Lernsprünge. Freiburg 1998

Krowatschek,D.: Entspannung für Jugendliche. Dortmund 2002

Leitner, S.: So lernt man lernen. Freiburg 2008

Minninger, J.: Gutes Gedächtnis – das Erfolgsgeheimnis. Hannover 2005

Müller, H.: mind maps mit mindmanager. Offenbach 2007

Oppolzer, U.: Verflixt, das darf ich nicht vergessen. Bd. 1 und Bd. 2 (Buch und Kassette). Hannover 2007

(dies.): Verflixt, das darf ich nicht vergessen! Die 50er Jahre. Hannover 2007

(dies.): Verflixt, 100 Gedächtnisspiele. Baden-Baden 2006

(dies.): Verflixt, wie lerne ich das? Hannover 2008

(dies.): Verflixt, wer war's? Gedächtnistraining für Kids. Baden-Baden 2005

(dies.): Verflixt, was ist denn das? Kopfsalat und Glühbirne. Baden-Baden 2006

(dies.): Das große Brain-Fitness-Buch. Hannover 2008

(dies.): Kurze Zwischenaufgaben für den Deutschunterricht. Horneburg 2007

(dies.): Wortschatztraining von A-Z. Horneburg 2006

(dies.): Bewegte Schüler lernen leichter. Dortmund 2004

(dies.): Der fantasievolle Weg zum guten Gedächtnis (Kassette). Dortmund 1995

(dies.): Gehirntraining mit Fantasie und Spaß. Dortmund 2005

(dies.): Mehr Spaß in der Schule mit Krea, Konzi und Phanta. Dortmund 2005

(dies.): Wortspiele-Kartei. Dortmund 1996

(dies.): Ganzheitliches Gehirntraining mit Kopf (Kartei). Dortmund 1996

(dies.): Hirntraining mit ganzheitlichem Ansatz (für die Gruppe). Dortmund 1998

Robbins, A.: Grenzenlose Energie – NLP. München 2004

(ders.): Das Powerprinzip. München 2004

Roth, G./Spitzer, M./Caspary, R.: Lernen und Gehirn. Stuttgart 2008

Rubner, J.: Was Frauen und Männer so im Kopf haben. München 2006

Scherer, J.: Kreativitätstechniken. Offenbach 2007

Seiwert, L. J.: Das Einmaleins des Zeitmanagement. Offenbach 1996
Solms, A.: Konzentration trainieren. München 2004
Spitzer, M.: Lernen – Gehirnforschung und die Schule des Lebens. Berlin 2006
(ders.): Braintertainment. Stuttgart 2007
(ders.): Musik im Kopf. Stuttgart 2002
(ders.): Schokolade im Gehirn. Stuttgart 2003
(ders.): Geist im Netz Heidelberg. 2000
(ders.): Nervenkitzel Frankfurt/Main. 2006
Vester, F.: Denken, Lernen, Vergessen. München 2001
Wilson, P.: Wege der Ruhe. Reinbek 1996

Musikempfehlungen

Musik zur Entspannung

Barockmusik

Die Largo-Sätze der Barockmusik haben einen Rhythmus, der dem optimalen Herzrhythmus von 60 Schlägen pro Minute entspricht und deshalb entspannend wirkt und vor allem beim Superlearning eingesetzt wird.

- J. S. Bach: Goldberg-Variationen; Largo aus Konzert für Klavier und Streichorchester Nr. 5 in f-Moll; Largo aus Konzert für Cembalo solo in F-Dur; Largo aus Konzert für Cembalo solo Nr. 5 in G-Dur; Largo aus dem Flötenkonzert in g-Moll (BWV 1056)
- A. Vivaldi: Largo aus Konzert für Gitarre, Streicher und Basso continuo in D-Dur; Largo aus dem „Winter" in „Die vier Jahreszeiten"; Largo aus Concerto für Mandoline, Streicher und Orgel Nr. 1 in C-Dur; Largo aus Concerto für Viola d'amore, Laute, Streicher und Basso continuo in d-Moll; Largo aus Konzert für Flöte, Streicher und Basso continuo in C-Dur
- G. F. Händel: Langsame Sätze aus Concerti grossi op. 6 Nr. 1 bis 12; Largo aus der „Feuerwerksmusik" (Konzert Nr. 3)
- G. P. Telemann: Largo aus Konzert für Viola, Streicher und Basso continuo; Largo aus Fantasien für Cembalo, Nr. 17; Largo aus Fantasien für Cembalo, Nr. 17 in g-Moll
- A. Corelli: Langsame Sätze aus Concerti grossi

Außerdem:

- Zamfir, Music for Flute of Pan

Elektronische Musik

- Georg Deuter: Ecstasy, Celebration; Cicada
- Kitaro: Oasis; Silk-Road
- J. M. Jarre: Equinoxe; Oxygene
- J. Walter Musik-Produktion: Mantras

Musik zum Beruhigen bei Wut, Ärger und Konflikten

- J. S. Bach: Das wohltemperierte Klavier I und II
- Händel: Konzert Nr. 5 in F-Dur für Harfe
- Schubert: Vorspiel „Rosamunde“
- Mozart: Quintett für Klarinette und Streichquartett in A-Dur